FALKEN
FARBIG

壽

Taki Sozuki

Ostasiatische Küche

schmackhaft und bekömmlich

FALKEN VERLAG

ISBN 3 8068 5066 6

Beratung und Zutaten: H. Lie, Pusaka Ostasien-Delikatessen, Wiesbaden
Fotos: Studio Langanke, Jahreszeiten-Verlag
Geschirr: Unicorn, Wiesbaden
Satz: H. G. Gachet & Co., 6070 Langen
Druck: VOD, Heidelberg

817 2635 4453 62

Inhalt

Die ostasiatische Küche

Die Kochkunst der ostasiatischen Länder findet immer mehr Anhänger. Kenner werden es bezeugen: Es gibt kaum eine Küche, deren Gerichte schmackhafter, vielseitiger und zugleich so bekömmlich sind, wie die der ostasiatischen. Die chinesische Kochkunst beispielsweise ist über 5000 Jahre alt. Frühe medizinische Kenntnisse und religiöse Ansichten hatten starke Auswirkungen auf Koch- und Eßgewohnheiten. In Gegenden Ostasiens, in denen der Buddhismus vorherrscht, der das Töten von Tieren zum Verzehr verbietet, findet man zum Beispiel die vielseitigsten Gemüsegerichte.
Die immer wiederkehrenden Hungersnöte haben dazu geführt, daß in Ostasien die Rohprodukte für Speisen optimal genutzt werden. Der Europäer geht da weitaus verschwenderischer um.
Was die ostasiatische Küche noch von der westlichen, europäischen unterscheidet, ist, daß der Ostasiate mit den Speisen nicht nur den Magen füllen will, sondern Genuß und Tafelfreude wesentlich höher schätzt. Nicht die Menge einer bestimmten Speise ist entscheidend, sondern die fantasievolle Zubereitung. Zu einem original-ostasiatischen Essen gehören mindestens 4 bis 6 Gänge, und zu besonderen Anlässen sind 20 bis 25 Gänge keine Seltenheit.

Zutaten und Vorbereitung

Ein besonderes Merkmal der Küche Ostasiens sind die zerkleinerten Zutaten. Brennstoffknappheit war wohl einst Ursache dafür, die Speisen konnten so sehr viel schneller gegart werden. Auch heute ist dieser Gesichtspunkt noch interessant, doch ist viel wichtiger, daß bei diesem Verfahren Vitamine und Nährstoffe in höchstem Maß erhalten bleiben. Auch kann sich das Aroma der kleingeschnittenen Zutaten besonders gut entfalten.
Fleisch und Gemüse werden im allgemeinen grob in mundgerechte Stücke geschnitten oder gehackt. Fleisch immer quer oder diagonal zur Faser schneiden! Fein gehackt werden zum Beispiel Zwiebeln, Knoblauch oder Hackfleisch. Zutaten, die ganz bleiben aber gut durchziehen sollen, werden oft kreuzförmig eingekerbt. Besonders bei Eiern oder Fisch wird diese Methode oft angewendet.

Fisch, Gemüse und Pilze werden häufig getrocknet im Handel angeboten. Es ist deshalb zu beachten, daß sie oft vor Verwendung in Wasser eingelegt werden müssen, manchmal bis zu 12 Stunden.
Das Wichtigste bei der Zubereitung ostasiatischer Gerichte ist die zeitliche Abstimmung der Kochvorgänge. Die Zutaten müssen deshalb immer vorher zurechtgelegt werden, so daß sie im richtigen Moment griffbereit sind. Kein Wunder also, daß für die Vorbereitung eines Gerichtes mehr Zeitaufwand nötig ist, als für die eigentliche Zubereitung.

Verschiedene Garmethoden

In der ostasiatischen Küche wird viel gedünstet und gedämpft. Wichtig dabei ist, daß die Speisen unter Zugabe von nur wenig Flüssigkeit mehr oder weniger im eigenen Saft gegart werden. Am besten eignet sich zum Dämpfen der Dampfkochtopf. Das Kochgut wird darin in einem Einsatz gegart und kommt mit dem Wasser auf dem Boden des Topfes gar nicht in Berührung. Bei dieser Garmethode bleiben Vitamine und Nährstoffe weitgehend erhalten.
Besonders schnell geht das Pfannenrühren. Die Zutaten werden alle in etwa gleichgroße Stücke geteilt und zurechtgelegt. Dann wird in einer hohen Pfanne Öl erhitzt. Der Südostasiate bevorzugt Erdnußöl, es kann aber auch jedes andere Pflanzenöl verwendet werden. Jetzt werden nach und nach die einzelnen Zutaten in die Pfanne gegeben, zunächst meist Zwiebeln, Knoblauch oder Ingwer, das dient der Aromatisierung. Zu beachten ist, daß die Zutaten, die am längsten brauchen, um gar zu werden, zuerst in die Pfanne kommen. Zartes Gemüse, zum Beispiel Chinakohl, gibt man zuletzt dazu und läßt es nur noch kurz mitziehen. Es soll zuletzt noch knackig sein. Während des ganzen Kochvorgangs wird gerührt, so daß alle Zutaten gleichmäßig gegart werden. Die Kochtemperatur ist dabei ziemlich hoch einzustellen. Sobald alle Zutaten gar sind, wird das Pfannengericht serviert.
Viele Gerichte werden zunächst vorgekocht und anschließend gar gedünstet oder gebraten. Besonders bei Fleisch und Geflügel wird diese Methode häufig angewendet.

Beliebt ist auch das Ausbacken und Fritieren. Fisch, Meeresfrüchte und Fleisch, aber auch Früchte werden in einen Eierkuchenteig getaucht und schwimmend ausgebacken.
Natürlich wird in der ostasiatischen Küche auch gebraten, gegrillt und gekocht, wie das bei uns üblich ist.

Würzen

Gewürze spielen eine wichtige Rolle in der südostasiatischen Küche. Sie werden fein aufeinander abgestimmt und sollen den Eigengeschmack der Speisen nicht verändern, sondern eher betonen.
Gerade indonesische Gerichte werden häufig sehr scharf gewürzt. Dabei spielt der rote Pfeffer, auch Chili genannt, eine besondere Rolle. Ein häufig verwendeter Scharfmacher ist Sambal, eine feurige Würzpaste auf der Basis von rotem Pfeffer, die es in verschiedenen Sorten gibt. Je heller, desto schärfer. Eher würzig als scharf ist der grüne Pfeffer, frische Pfefferkörner, die es eingelegt in Gewürzgläsern zu kaufen gibt. Scharf und aromatisch ist Ingwer, der am besten frisch in Scheibchen geschnitten verwendet wird. Als Ersatz kann jedoch auch Ingwerpulver dienen. Vielfach wird auch mit frischen grünen und roten Pfefferschoten gewürzt, die der Speise kleingeschnitten beigegeben werden.
Sojasoße kennzeichnet den Geschmack von vielen ostasiatischen Gerichten. Die braune, rein vegetarische Flüssigkeit riecht nach Liebstöckel und schmeckt nach Bratensaft. Fischgerichte werden oft mit Austernsoße gewürzt, einer Mischung aus Austernextrakt, Soja und Salz. Der Saft der säuerlich schmeckenden, tropischen Tamarindenfrucht kann durch Zitronensaft ersetzt werden. Krabbenpaste gibt es bei uns in Packungen zu kaufen. Sie verleiht Fisch- und Gemüsegerichten einen zart würzigen Geschmack.
Kurkuma wird aus einem Ingwergewächs gewonnen und erinnert an Ingwer und Pfeffer. Sereh ist getrocknetes Zitronengras, Laos ein Ingwergewächs. Curry, Liebstöckel, Kümmel, Koriander, Salam (Lorbeer), Nelken, Muskat und Zimt sind ebenfalls beliebt und von der europäischen Küche her bekannt.
Abgeschmeckt wird mit Salz, Pfeffer, Zucker, Essig und Sojasoße, zum Nachwürzen wird gern Sambal verwendet. Diese Gewürze stehen bei einer Mahlzeit auch auf dem Tisch, so daß jeder sein Essen nach eigenem Geschmack nachwürzen kann. Fertige Gewürzmischungen sind bei Pusaka, Karlstraße 8, 6200 Wiesbaden erhältlich.

Zusammenstellen und Anrichten eines Menüs

Eine »richtige« Mahlzeit besteht in Südostasien aus mindestens 4 bis 5 Gängen. Bei großen Festlichkeiten werden sogar bis zu 25 Gänge aufgetragen. Daraus ist bereits zu erkennen, wie wichtig die Vielfältigkeit ist. Man serviert verschiedene Speisen, dafür von jeder etwas weniger.
Zunächst gibt es eine Vorspeise, dann kommen die Hauptgänge und den Abschluß bildet – anders wie in Europa – die Suppe. Manchmal wird die Suppe auch zwischen den Hauptgerichten serviert. Einen süßen Nachtisch kennt der Südostasiate kaum, statt dessen werden Früchte oder kleine Knabbereien wie Nüsse oder Süßigkeiten gereicht. Nüsse, eingelegtes Gemüse und Mandeln stehen während des ganzen Essens auf dem Tisch, so daß sich jeder Gast bedienen kann.
Was die Kombination der Hauptgerichte angeht, so wählt man Speisen verschiedener Art und Zubereitung, zum Beispiel unterschiedliche Sorten Fleisch und Fisch, einmal gebraten oder gekocht, einmal süßsauer, mild oder scharf. Wichtig ist, daß die Gerichte frisch auf den Tisch kommen und dort warm gehalten werden. Wärmeplatten oder Rechauds sind unentbehrlich.
Die Speisen sollen nicht nur gut schmecken, sondern auch das Auge erfreuen. Bereits bei der Zubereitung wird das berücksichtigt. Werden beispielsweise Paprika- oder Pfefferschoten benötigt, wählt man rote und grüne, das Gericht wirkt dann lebhafter von der Farbe her. Bei der Garnierung kann man ein übriges tun, indem man mit Paprikastreifchen, eingelegten Früchten und Gemüsen oder frischem Gemüse verziert. Dazu ist allerdings zu sagen, daß Paprikaschoten in Südostasien kaum bekannt sind. Da sie sich jedoch so ausgezeichnet zum Garnieren eignen, dem Gericht eine hübsche Farbe geben und für den Gaumen des Europäers zudem angenehmer sind als die scharfen Pfefferschoten, spricht nichts dagegen, Paprikaschoten auch für asiatische Gerichte zu verwenden.
Jeder Gast erhält einen mittelgroßen, flachen Teller, einen kleineren Teller für Vorspeisen, eine Reis- und eine Suppenschale sowie eine Teeschale, Gläser für Getränke und mehrere kleine Teller oder Näpfchen für Soßen und andere Beigaben. Gegessen wird mit Stäbchen oder Gabel und Löffel.
Jedes Rezept in diesem Buch ist als Hauptgericht für 6 Personen berechnet. Werden mehrere Hauptgerichte serviert, verringert man die Menge der Zutaten entsprechend.

Spezielle Zutaten

Verschiedene Zutaten, die bei den Rezepten angegeben sind, werden der Hausfrau unbekannt sein. In diesem Buch wurde jedoch darauf geachtet, daß nur solche Zutaten zu verwenden sind, die in Chinaläden oder Feinkostgeschäften erstanden werden können. Sollte einmal etwas nicht erhältlich sein, läßt sich das Rezept meist abwandeln; statt chinesischer Pilze können beispielsweise auch Champi-

gnons verwendet werden. Der Fantasie der Hausfrau sind keine Grenzen gesetzt. Da jedoch jeder wissen soll, was er da kocht, hier eine Aufstellung fremdländischer Zutaten.
Abalonen sind Tiefseemuscheln, die in Dosen erhältlich sind. Sie dürfen nicht gekocht werden, da sie sonst zäh sind. *Bambussprossen* und *Sojabohnenkeimlinge*, auch Bohnensprossen genannt, gibt es heute in jedem Supermarkt in Dosen zu kaufen. Frische Bohnensprossen gibt es in Plastikbeuteln, Bambussprossen auch getrocknet. *Chinakohl* ist inzwischen auch bei uns in jedem Gemüseladen erhältlich. In Südostasien wird er weniger als Salat, sondern meistens als Gemüse verwendet. *Senfgräser* kann man getrocknet im Chinaladen kaufen. *Chinesische Pilze* werden in Dosen oder getrocknet angeboten. Bekannt sind vor allem *Morcheln.* Auch *Baum- oder Wolkenohren* sind Pilze. Trockenpilze müssen vor der Verwendung in Wasser eingeweicht werden. *Vogelnester* gibt es getrocknet und in Dosen zu kaufen, ebenso *Wasserkastanien.* Getrocknete Kastanien müssen geschält und aufgeweicht werden. Als Ersatz kann man auch Maroni verwenden. *Kokosbutter* und *Erdnußbutter* gibt es in Feinkostläden zu kaufen. *Bohnenkuchen* wird wie Gemüse verwendet und gibt es im Chinaladen. An Nudeln werden *Eier-, Reis- und Glasnudeln* angeboten. Glasnudeln werden aus der Mungabohne hergestellt. Kokosmilch gewinnt man aus frischen Kokosnüssen.
Bei der Zubereitung der einzelnen Lebensmittel ist jeweils auf die Gebrauchsanweisung, die in den meisten Fällen auf den Packungen steht, zu achten.

Bei einem südostasiatischen Essen dürfen kleine Knabbereien, pikante Häppchen, Soßen und Pasten nicht fehlen.

Reisgerichte

Reis ist das wichtigste Nahrungsmittel Ostasiens, wichtiger als für uns das Brot. Er kann Beigericht, aber auch Hauptgericht sein.
Es gibt verschiedene Sorten Reis und dementsprechend unterschiedliche Zubereitungsarten. Als Beilage eignen sich sowohl Kurz- oder Rundkornreis als auch der langkörnige Patnareis. Unpolierter Naturreis enthält alle Vitamine und ist daher gesünder als polierter. Allerdings wird dieser wegen seiner weißen Farbe oft vorgezogen.
Reis als Beilage soll weder zu feucht noch zu trocken sein, sondern leicht körnig und etwas klebrig, so daß er noch mit Stäbchen gegessen werden kann. Man gibt den Reis, je nachdem, ob man ihn eher etwas klebrig oder körnig haben will, in kaltes oder kochendes Wasser und läßt ihn leicht köchelnd zugedeckt in etwa 20 Minuten garen. Beim Rundkornreis rechnet man 1 Tasse Wasser auf 1 Tasse Reis, beim Patnareis 3 Tassen Wasser auf 1 Tasse Reis. Pro Person genügt eine halbe Tasse roher Reis. Gekocht ergibt das die doppelte Menge.
Wer Reis einmal auf original südostasiatische Art kochen will, sollte ihn dämpfen. Der Reis wird gründlich gewaschen, bis das Wasser ganz klar ist. In einem Sieb abtropfen lassen. Wer einen Reiskochtopf besitzt, gibt den abgetropften Reis nun in das speziell dafür vorgesehene Sieb. Man kann aber auch einen beliebigen anderen Topf mit Einhängesieb verwenden. Soviel Wasser in den Topf geben, daß der Reis davon umspült wird, und zum Kochen bringen. Jetzt erst das Sieb mit dem Reis einhängen und 10 Minuten bei schwacher Hitze und geschlossenem Deckel kochen lassen. Dann das Sieb herausnehmen und soviel Wasser aus dem Topf gießen, daß der Reis, wenn das Sieb jetzt wieder eingehängt wird, nicht mehr damit in Berührung kommt. Über Dampf bei geschlossenem Deckel noch ca. 15 Minuten garen. Die Reiskörner sollen körnig und locker sein und müssen sich zerdrücken lassen. Der Reis wird nicht gesalzen.
Häufig wird Reis als Pfannengericht mit Fisch oder Fleisch serviert. Auch hier sind sowohl Rundkorn- als auch Patnareis geeignet. Reisbrei wird im allgemeinen aus Rundkornreis, aber auch aus Milchreis gekocht.

Gewürzter Reis (Nasi Kebuli)

1 l kräftige Fleischbouillon, 2 Tassen Reis, 2 gehackte Zwiebeln, 3 gehackte Knoblauchzehen, 1/2 Tasse Butter, 2 Tassen Milch, Salz und Pfeffer, 5 Gewürznelken, 2 Zimtstengel, 5 Körner zerdrückter Kardamon, 1 geviertelte Muskatnuß.

Zwiebel und Knoblauch in Butter bräunen. Bouillon, Milch, Reis und die Gewürze dazugeben. Zugedeckt bei geringer Hitze 20 bis 40 Minuten kochen, bis der Reis gar ist.
Dazu gedämpftes Rindfleisch mit Gewürzen und Ananashappen servieren.

Gelber Reis (Nasi Kuning Ketan)

1 Serehstengel (Zitronengras), 1 1/2 Tassen Reis, 1 1/2 Tassen Wasser, 2 EL Kurkuma, 1 EL Zitronensaft, 3 Tassen Kokosmilch, Salz, 1 gehackte Zwiebel.

Reis mit Wasser übergießen. Kurkuma, Sereh und Zitronensaft hinzufügen (der Zitronensaft verstärkt die Farbe). Etwa 10 Minuten ziehen lassen. In Kokosmilch mit Zwiebel und Salz 20 bis 40 Minuten kochen, bis der Reis körnig gar ist. Dazu gebratenes Huhn, Rindfleisch, in Streifen geschnittene Omeletts, frische Gurkenscheiben und Sambals servieren.

Gefüllter, klebriger Reis (Lemper Ajam)

1 Tasse Reis, 1 1/2 Tassen Kokosmilch, Salz, Pfeffer, 1 gehackte Zwiebel, 1 Scheibe Ingwerwurzel, 1 Scheibe Laos, 2 gehackte Knoblauchzehen, 2 EL Butter, 1 Tasse kleingeschnittenes Hühnerfleisch, 1/4 Tasse Wasser.

Reis über Nacht in Wasser einweichen. Abtropfen lassen, mit Kokosmilch und Salz bei geringer Hitze 20 Minuten kochen lassen, bis er gar ist. Zwiebel und Knoblauch in Butter hellgelb bräunen. Hühnerfleisch, Wasser, Ingwer, Laos, Salz und Pfeffer hinzugeben. Bei geringer Hitze 10 Minuten dünsten, dann abkühlen lassen. 8 bis 10 längliche Reisbällchen formen und jedes mit 1 Eßlöffel der Mischung füllen. In Alufolie wickeln und bei mäßiger Hitze 15 Minuten in heißem Wasser ziehen lassen.

Reisbrei »Asjura« (Bubur Asjura)

1/4 Tasse Erdnüsse, 1/4 Tasse Sojabohnen, 1/4 Tasse rote Bohnen, 1/4 Tasse weiße Bohnen, 1 Tasse Reis, 6 Tassen Wasser, Salz, Pfeffer.

Bohnen 24 Stunden in Wasser einweichen. Wasser und Reis zum Kochen bringen, Erdnüsse und Bohnen dazugeben. Dann die Hitze verringern. 30 bis 40 Minuten kochen, bis die Bohnen und der Reis weich sind. Während des Kochens mehrmals umrühren. Mit Salz und Pfeffer abschmecken. Dieser Reisbrei kann zu den verschiedensten Gerichten serviert werden. Man ißt ihn an »Asjura«, einem mohamedanischen Feiertag.

Reisbrei, menadonesische Art (Bubur Tinotuan)

1/2 Suppenhuhn, 6 Tassen Wasser, 1 1/2 Tassen Reis, 1/2 Tasse Mais, 1/2 Tasse gewürfelte Süßkartoffeln, 2 Lorbeerblätter, Salz.

Wasser, Reis, Mais, Kartoffeln, Lorbeerblätter und Salz in der Hühnerbrühe zum Sieden bringen. Bei geringer Hitze 30 bis 40 Minuten lang kochen, bis der Reis weich ist. Währenddessen mehrmals umrühren. Zu zerkleinertem Hühnerfleisch, gebackenem Fisch und Tomaten mit Kokosmilch servieren.

Gelber Reis mit Corned beef (Nasi Kuning)

2 Tassen Reis, 4 Tassen Kokosmilch, 1 gehackte Zwiebel, 1 EL Kurkuma, Salz, Pfeffer, 1/2 Tasse Corned beef, 2 rote Pfefferschoten, 1 mittelgroße, in Scheiben geschnittene Salatgurke, 1/2 Tasse geröstete Zwiebelringe oder -würfel.

Kokosmilch mit gehackter Zwiebel, Kurkuma, Salz, Pfeffer und Reis mischen. 20 bis 40 Minuten kochen, bis der Reis gar ist. Corned beef in ungefetteter Pfanne braten, bis es knusprig ist. Den Reis mit roten Pfefferschoten, Corned beef und Gurkenscheiben anrichten.

Reisbrei mit Huhn (Bubur Ajam) ▲

1 Hühnerbrust, 6 Tassen Wasser, 2 verwiegte Knoblauchzehen, 1 gehackte Zwiebel, 1 EL Öl, 2 EL getrocknete Krabben, 1 EL Sojasoße, 1 Tasse Reis, Salz und Pfeffer, 1 Tasse streifig geschnittener Kohl.

Das Hühnerfleisch bei geringer Hitze etwa 20 Minuten in Wasser kochen. Herausnehmen, die Brühe aufheben. Das Fleisch in sehr dünne Scheiben schneiden. Zwiebel und Knoblauch in Öl bräunen, dann die Krabben, das Hühnerfleisch, Reis, Sojasoße, Hühnerbrühe, Salz und Pfeffer hinzugeben. Etwa 20 Minuten kochen lassen, dann den Kohl beifügen. Noch etwa 15 Minuten garen, bis der Reis weich ist. Zwischendurch mehrmals umrühren.

Abwandlung:
Statt des Hühnerfleischs 500 g Schweinefleisch verwenden. Man kann auch zusätzlich noch 1/2 Tasse getrocknete Austern, die zuvor 12 Stunden eingeweicht wurden, unter den fertigen Reisbrei mischen.

Gebratener Reis, indonesische Art (Nasi Goreng)

4 Tassen gekochter Reis, 6 Eier, 5 EL Öl,
2 gehackte Zwiebeln, 1 gewiegte Knoblauchzehe,
6–8 EL gehacktes Schweinefleisch oder Schinken,
6–8 geschälte und gekochte Krabben, 2 EL Sojasoße,
Salz, Pfeffer, Sambal, 2 kleingeschnittene rote Pfefferschoten,
6–8 EL streifig geschnittener Schinken, 6–8 EL Krabbenfleisch.

Die Eier schlagen. Etwa 1 Eßlöffel Öl in der Pfanne erhitzen. Aus einem Teil der Eimasse vier dünne Omeletts backen und wegstellen. 2 Eßlöffel Öl in die Pfanne geben. Aus dem Rest der Eiermasse einen Eierkuchen backen und in 1 1/2 cm große Stücke schneiden. Zwiebel und Knoblauch in 2 Eßlöffel Öl 2 Minuten rösten. Das gehackte Schweinefleisch oder den Schinken hinzugeben. Rühren, bis alles gar ist. Die Krabben, die Eierkuchenwürfel, die Sojasoße, Salz, Pfeffer, etwas Sambal und den Reis hinzufügen, alles mischen und bei geringer Hitze 10 Minuten braten. Mit den zusammengefalteten Omeletts, Pfefferschoten, Schinken und etwas übrigbehaltenem Krabbenfleisch anrichten.

Gebratener Reis, javanische Art (Nasi Goreng Djawa)

4 Tassen gekochter Reis, 6 Eier, 4 EL Öl,
2 mittelgroße, gehackte Zwiebeln, 1 gewiegte Knoblauchzehe,
1 EL getrocknete Krabben, 1/2 Tasse gehacktes Rindfleisch,
2 EL Sojasoße, 2 kleingeschnittene rote Pfefferschoten,
Salz, Pfeffer, etwas Garnelenpaste,
1 mittelgroße, in Scheiben geschnittene Salatgurke,
1/2 Tasse geröstete Zwiebelringe oder -würfel.

Die Eier schlagen. Etwas Öl in der Pfanne erhitzen. Aus einem Teil der Eimasse vier dünne Omeletts backen und wegstellen. 2 Eßlöffel Öl in der Pfanne erhitzen. Aus dem Rest der Eimasse einen Eierkuchen backen. Vom Feuer nehmen und in 1 1/2 bis 2 cm große Würfel schneiden. Den Rest Öl in der Pfanne erhitzen. Zwiebel, Garnelenpaste und Knoblauch 2 Minuten lang rösten. Rindfleisch hinzugeben und rühren, bis es gut durch ist. Krabben, Eierkuchenwürfel, Sojasoße, Salz und Pfeffer, rote Pfefferschoten und Reis hinzugeben. Alles bei geringer Hitze 8 Minuten braten. Mit den zusammengefalteten Omeletts, Gurkenscheiben und den gerösteten Zwiebeln anrichten.

Reistafel (Nasi Uduk, Nasi Langi) ▶

2 Tassen Reis, 4 EL Öl, 1 gehackte Zwiebel,
2 gewiegte Knoblauchzehen, 4 Tassen Kokosmilch, Salz, Pfeffer,
1 KL Koriander, 1 KL Kümmel, 2 Lorbeerblätter,
1 Tasse Dosen-Corned beef, 6 Eier,
1/2 Tasse geröstete Zwiebelringe oder -würfel,
2 rote Pfefferschoten, 1 mittelgroße, dünn geschnittene Salatgurke,
1/2 Tasse geröstete Sojabohnen, 3–4 EL getrocknete Krabben.

Zwiebel und Knoblauch in heißem Öl bräunen. Kokosmilch, Salz, Pfeffer, Koriander, Kümmel, Lorbeerblätter und Reis hinzufügen. 30 bis 40 Minuten dünsten, bis er gar ist. Das Corned beef in einer ungefetteten Pfanne braten, bis es knusprig ist. Die Eier schlagen und dünne Omeletts daraus backen. Die getrockneten Krabben in einer ungefetteten Pfanne braten, bis sie knusprig sind. Den Reis mit den zusammengefalteten Omeletts, dem Corned beef, den getrockneten Krabben, gerösteten Zwiebeln, roten Pfefferschoten, Gurken und Sojabohnen anrichten.

Abwandlung:
Noch Erdnüsse, geröstete Sojabohnen, gebackenen, zerkleinerten Fisch oder in Scheiben geschnittene Salatgurke hinzufügen.

Reis der »Acht Kostbarkeiten« (Ba-Bau-Fan)

4 Tassen gekochter Reis, 1/2 Tasse süße Mandeln,
1/2 Tasse Nüsse (beliebige Sorte),
1/2 Tasse kandierte Früchte, 2 EL Kokosfett,
3 EL Zucker, 1/2 Tasse Rosinen.

Den noch warmen Reis mit dem Kokosfett und dem Zucker vermischen. In eine gefettete Schüssel aus Mandeln, Nüssen, kandierten Früchten und Rosinen ein buntes Muster legen. 1 cm hoch Reis darüberschichten. Diesen Vorgang so oft wiederholen, bis alle Zutaten verbraucht sind. Die oberste Schicht soll Reis sein. Im heißen Wasserbad 30 Minuten nachgaren. Dann auf eine Platte stürzen und heiß servieren.

Die Reistafel ist in Fernost Mittelpunkt jeder festlichen Mahlzeit. Dazu werden sowohl Fisch- als auch Fleischgerichte verschiedenster Art serviert.

TRADE
CHINESE
Soja-Sauce
AMOY

Nudelgerichte

Außer Reis werden in Südostasien auch gern Nudeln verschiedenster Art gegessen. Eiernudeln kocht man wie bei uns in leicht gesalzenem Wasser. Sie sollen noch etwas kernig sein, wenn sie serviert werden. Reis- und Glasnudeln eignen sich besonders als Suppeneinlage. Gekocht und in Öl gebacken ergeben sie eine knusprige Beilage.
Aus selbstgemachtem Nudelteig werden Wontons und Frühlingsrollen hergestellt. Der fertige Teig wird dafür ausgerollt und mit einer pikanten Mischung gefüllt. Die Rezepte für Wontons und Frühlingsrollen können im Kapitel »Kleine Gerichte und Salate« nachgesehen werden.

Knuspriges Nudelgericht (Ifu Mie Tjha)

250 g Nudeln, 1/2 Tasse Pflanzenöl, 2 gehackte Zwiebeln, 3 gehackte Knoblauchzehen, 1/4 Tasse kleingeschnittenes Hühnerfleisch, 1/4 Tasse geschälte und gekochte Krabben, 2 EL Sojasoße, Salz, Pfeffer, 3 Tassen Hühner- oder Fleischbrühe, 1 Tasse zerkleinerter Blumenkohl.

Die Nudeln in siedendes Salzwasser geben und 5 Minuten lang kochen. Mit kaltem Wasser abschrecken und auskühlen lassen. Reichlich Öl erhitzen und die Nudeln fritieren, bis sie hellbraun und knusprig sind. In einer anderen Pfanne in Öl Zwiebeln und Knoblauch bräunen. Das Hühner- und Schweinefleisch, die Krabben, Sojasoße, Salz, Pfeffer und Brühe dazugeben. 10 Minuten leicht köcheln lassen. Den Blumenkohl dazugeben und bei geringer Hitze weich dünsten. Soße mit Mehl leicht binden. Auf jeden Teller eine Portion Nudeln und darüber das Fleischgemisch geben. Sofort auftragen.

Abwandlung:
Die gekochten Nudeln zuletzt unter das Fleischgericht mischen. Nur 1/2 Tasse Brühe zugießen und 5 Minuten gut rühren.

Eiernudelgericht mit Wontons (Mie Pangsit)

250 g Nudeln, 1 gehackte Zwiebel, 2 gehackte Knoblauchzehen, 1 EL Pflanzenöl, 1 Tasse zerkleinertes Hühnerfleisch, 2 EL Sojasoße, 2 gehackte Schalotten, Salz, Pfeffer, 4 Tassen Hühnerbrühe, 12 gebratene Wontons (siehe Kapitel »Kleine Gerichte und Salate«).

Die Nudeln 5 Minuten in siedendem Salzwasser kochen, kalt abschrecken und abtropfen lassen. Zwiebel und Knoblauch in Öl bräunen. Hühnerfleisch, Sojasoße, Schalotten, Salz, Pfeffer und Hühnerbrühe dazugeben. 5 Minuten gelinde kochen lassen, dann die Nudeln hinzufügen. 2 Wontons in jede Tasse geben und das Nudelgemisch darüber verteilen.

Nudeln mit Gemüse (Tza Tzai Mien)

250 g Reis- oder Eiernudeln, 2 EL Öl, 3 gehackte Knoblauchzehen, 1 EL gehackte, frische Ingwerwurzel oder Ingwerpulver, 150 g geschnetzeltes Schweinefleisch, 3–4 kleingeschnittene chinesische Pilze (über Nacht eingeweicht), 1/2 Tasse streifig geschnittene Bambussprossen, 1/2 Tasse zerkleinerter Chinakohl, 1 Tasse Fleischbrühe, 2 EL Reiswein, 4 EL Sojasoße, 2 KL Zucker, 1 EL Stärkemehl, Salz, Pfeffer.

Öl in der Pfanne erhitzen, Knoblauch und Ingwer kurz anbraten. Fleisch, Gemüse und die vorher eingeweichten Pilze beigeben. Mit Fleischbrühe, Reiswein und Sojasoße aufgießen und die Gewürze hinzufügen. 10 Minuten bei geringer Hitze dünsten, dabei mehrmals umrühren. Mit angerührtem Stärkemehl binden. In der Zwischenzeit die Nudeln in leicht gesalzenem Wasser 5 Minuten kochen und mit kaltem Wasser abschrecken. Auf einer vorgewärmten Platte anrichten und mit der Gemüsemischung übergießen.

▼

Nudeln mit Innereien (Soto Mie)

500 g Rindsinnereien (Niere, Herz, Milz, Magen), 1 gehackte Zwiebel, 2 gehackte Knoblauchzehen, 1 EL Pflanzenöl, 2 Tassen heißes Wasser, 3 Scheiben grüne Ingwerwurzel oder 1/2 KL Ingwerpulver, Salz, Pfeffer, 250 g Nudeln, 500 g Bohnensprossen, 2 EL roter Pfeffer, 3 EL Zitronensaft, 3 EL Sojasoße.

Die Innereien in Streifen schneiden, 5 Minuten in siedendem Wasser kochen und abtropfen lassen. Zwiebel und Knoblauch in Öl bräunen. Ingwer, Salz, Pfeffer und die Innereien hinzufügen. Mit heißem Wasser übergießen. Bei geringer Hitze kochen lassen, bis die Innereien gar sind. Die Nudeln in siedendem Salzwasser 5 Minuten kochen, kalt abschrecken und abtropfen lassen. Die Nudeln und die Bohnensprossen 2 Minuten vor dem Auftragen zu den Innereien geben. Pfeffer mit Zitronensaft und Sojasoße mischen und das Nudelgericht damit abschmecken.

Glasnudeln mit Krabben (So-oen Udang)

1 gehackte Zwiebel, 2 gehackte Knoblauchzehen, 1 EL Öl, 1 Tasse geschälte, gekochte Krabben, 3 Tassen Hühnerbrühe, Salz, Pfeffer, Sambal, 4 Eier, 250 g Glasnudeln.

Nudeln 20 Minuten in kaltem Wasser einweichen. Zwiebel und Knoblauch in Öl bräunen. Krabben, Brühe, etwas Sambal, Pfeffer und Salz hinzugeben, 5 Minuten kochen. Die Eier in die kochende Soße schlagen. 10 Minuten lang rühren. Die Nudeln hinzugeben und 5 Minuten mitkochen. Dabei ständig rühren.

Abwandlung:
Statt Krabben 2 Tassen gewürfelte Zucchini hinzufügen und 3 Minuten kochen.

Eiernudeln mit Fleischsoße (Cha-Chiang-Mien)

500 g Schweinehack, 3 EL Reiswein, 1/4 Tasse Braune-Bohnen-Soße, 3 Frühlingszwiebeln, Öl, Zucker, 2 Tassen Hühnerbrühe, 500 g Eiernudeln.

Öl in einer Pfanne erhitzen und das Hackfleisch unter Rühren darin bräunen. Reiswein, Braune-Bohnen-Soße und die gehackten Frühlingszwiebeln hinzufügen. Kurz mitbraten, dann mit Hühnerbrühe aufgießen. Mit Zucker abschmecken und ca. 10 Minuten unter Rühren kochen lassen. Wenn die Flüssigkeit aufgesogen ist, vom Feuer nehmen und warm stellen. In der Zwischenzeit die Nudeln in Salzwasser kochen und abgießen, anschließend nach Wunsch noch in Öl kurz schwenken. Mit der Soße servieren und mit frischem Gemüse garnieren.

Nudelgericht, javanische Art (Mie Djawa)

250 g Nudeln, 1 gehackte Zwiebel, 3 gehackte Knoblauchzehen, 1 EL Pflanzenöl, 2 gehackte Schalotten, 1/2 Tasse gewürfeltes Rindfleisch, 2 EL Sojasoße, 1 Tasse fein geschnittener Weißkohl, 1/2 Tasse geröstete Zwiebelwürfel, 2 Tassen Krabbenfleisch.

Die Nudeln in siedendem Salzwasser 5 Minuten kochen, mit kaltem Wasser abschrecken und auskühlen lassen. Zwiebel und Knoblauch in Öl bräunen, dann Schalotten, Rindfleisch, Sojasoße und Kohl hinzugeben. 10 Minuten dünsten. Nudeln vorsichtig untermischen und alles 5 weitere Minuten kochen lassen. Die Eier schlagen und dünne Omeletts backen. Das Nudelgericht mit gerösteten Zwiebelwürfeln und Krabben garnieren.

Nudeln mit Hühnerleber (Dij-Gan Tschau Mien)

250 g Eiernudeln, 250 g Hühnerleber, 250 g Champignons, 1 EL Sojasoße, Öl, 2 gehackte Zwiebeln, 1 Tasse Hühnerbrühe, 1 KL Stärkemehl, 2 EL Wasser, Salz, Pfeffer, gehackte Petersilie.

Nudeln in Salzwasser kochen und abtropfen lassen. Die geputzte Hühnerleber und die Pilze in Scheiben schneiden und mit Sojasoße vermischen. 10 Minuten ziehen lassen. Zwiebeln in etwas Öl anbraten, Leber und Pilze hinzufügen und alles zusammen 4 Minuten braten. Mit Hühnerbrühe aufgießen und noch 10 Minuten kochen lassen. Mit dem in Wasser gelösten Stärkemehl binden und mit Salz und Pfeffer abschmecken. In der Zwischenzeit die Nudeln in etwas Öl knusprig braten. Die Soße über die Nudeln verteilen. Mit Petersilie bestreut servieren.

Suppen

Die Suppe wird in Südostasien nicht zu Beginn, sondern am Ende einer Mahlzeit gereicht, bei größeren Banketten auch zwischen den Hauptmahlzeiten.
Grundlage ist meist eine Hühnerbrühe, die dann mit den verschiedenen Zutaten angereichert wird. Oft werden Suppen mit Speisestärke oder Glasnudeln eingedickt, aber auch die klare Brühe ist beliebt. Auf jeden Fall muß die Suppe gut gewürzt sein. Scharf und süß-sauer sind geschätzte Geschmacksrichtungen.

Gemüsesuppe (Sop Sajur) ▶

5 Tassen Rindfleisch- oder Hühnerbrühe,
1 Tasse gewürfelte Karotten,
1 Tasse gehackter Weißkohl, 1/2 Tasse gehackter Bleichsellerie,
1/2 Tasse in feine Scheiben geschnittene Schalotten, Salz, Pfeffer,
1/2 KL Zimt, 1/2 KL Muskat, Sojasoße.

Die Brühe zum Kochen bringen. Karotten, Kohl, Sellerie, Schalotten, Salz, Pfeffer, Zimt und Muskat dazugeben. Bei geringer Hitze 20 Minuten kochen. Mit Sojasoße abschmecken.

Currysuppe (Sop Kerie) ▶

1 gehackte Zwiebel,
1 in dünne Scheiben geschnittener Schalottenstengel,
1/4 Tasse zerlaufene Butter, 11/2 EL Curry, 5 Tassen Hühnerbrühe,
Salz, Pfeffer, 1 Tasse Rinderhack, 1 KL Stärkemehl,
Sherry oder chinesischer Reiswein.

Zwiebel und Schalotte in Butter bräunen. Curry, Brühe, Salz und Pfeffer hinzugeben und aufkochen lassen. Aus dem Rinderhack Klößchen formen und in die Suppe legen. Bei geringer Hitze 20 Minuten kochen. Mit der in Wasser angerührten Stärke binden und noch 2 Minuten kochen. Mit Sherry oder Reiswein abschmecken.

Pilzsuppe (Sop Djamur) ▼

5 Tassen Hühnerbrühe, 2 Tassen gehackte Pilze, 1 gehackte Zwiebel, 1 in dünne Scheiben geschnittener Schalottenstengel, 1/2 KL Zimt, 1/2 KL Muskat, 1 EL Sojasoße, 1 KL Stärke, Salz, Pfeffer.

Alle Zutaten außer der Stärke in die kochende Brühe geben und 15 Minuten bei geringer Hitze kochen. Zuletzt mit in Wasser angerührter Stärke binden.

Currysuppe (links)
Gemüsesuppe (rechts)
Pilzsuppe (hinten)

Tomatensuppe (Sop Tomat)

5 Tomaten, 1 gehackte Zwiebel, 1 gehackte Knoblauchzehe, 1 EL Butter, 5 Tassen Rindfleisch- oder Hühnerbrühe, 1/2 Tasse gehackter Bleichsellerie, 1/2 Tasse in feine Scheiben geschnittene Schalotten, 1 KL Zucker, 1 EL Essig oder Zitronensaft, Salz, Pfeffer, 1 KL Stärkemehl.

Die Tomaten in siedendes Wasser geben und 3 Minuten kochen. Etwas auskühlen lassen, dann schälen und durch ein Sieb passieren. Zwiebel und Knoblauch in Butter bräunen. Brühe, Schalotten, Sellerie, Tomatenpüree und Gewürze hinzugeben. Mit der in Wasser gelösten Stärke binden. 15 Minuten kochen lassen.

Schwalbennestersuppe (Sop Sarang Burung)

1/2 Tasse Vogelnester (getrocknet), 5 Tassen Hühnerbrühe, 1/2 Tasse zerkleinerte Hühnerbrust, 1/2 Tasse gehackter Schinken, 1 gehackter Selleriestengel, Salz, Pfeffer, Madeira.

Die Vogelnester über Nacht in Wasser einweichen. Zusammen mit dem Hühnerfleisch, Schinken, Sellerie, Salz und Pfeffer in die heiße Brühe geben. 15 Minuten kochen. Mit Madeira abschmecken.

Hühnerlebersuppe (Sop Hati Ajam)

1 gehackte Zwiebel, 1 gehackter Selleriestengel, 1/4 Tasse zerlaufene Butter, 1 Tasse gehackte Hühnerleber, 1 EL Sojasoße, Salz, Pfeffer, 5 Tassen Hühnerbrühe, 1 Tasse streifig geschnittener Weißkohl, 1 KL Stärkemehl.

Zwiebel und Sellerie in Butter bräunen. Leber, Sojasoße, Salz und kräftig Pfeffer hinzugeben. Bei geringer Hitze 5 Minuten kochen. Mit Brühe aufgießen und den Kohl dazugeben. Mit der in Wasser angerührten Stärke binden. 10 Minuten kochen.

Abalonensuppe (Sop Pauhie)

1 Dose Abalonen (500 g), 5 Tassen Hühnerbrühe, 3 Scheiben frische Ingwerwurzeln oder Ingwerpulver, 1/2 Tasse in Scheiben geschnittene Pilze, 1/2 Tasse gehackter Schinken, 1 Tasse kleingeschnittenes Hühnerfleisch, 1 gehackter Selleriestengel, Salz, Pfeffer, Reiswein.

Abalonen abtropfen lassen und in hauchdünne Scheiben schneiden. Die Abalonenflüssigkeit zur Hühnerbrühe geben und aufkochen. Ingwer, Pilze, Schinken, Hühnerfleisch, Sellerie, Salz und Pfeffer hinzufügen. 30 Minuten bei geringer Hitze kochen. Zuletzt die Abalonen in der Suppe kurz erwärmen. Mit Reiswein abschmecken.

Gurkensuppe (Sop Ketimun)

2 mittelgroße Gurken, 1 gehackte Zwiebel, 1 gehackter Schalottenstengel, 1/4 Tasse zerlaufene Butter, 5 Tassen Hühnerbrühe, 1 gehackter Selleriestengel, Salz, Pfeffer, Sojasoße, 1/2 Tasse in Streifen geschnittener Schinken, 2 geschlagene Eier.

Gurken schälen, entkernen und in Scheiben schneiden. Zwiebel und Schalotte in Butter bräunen. Brühe, Gurke, Sellerie, Schinken, Salz, Pfeffer und etwas Sojasoße hinzufügen. 15 Minuten kochen. Die geschlagenen Eier unterrühren. Bei geringer Hitze 8 Minuten kochen.

Haifischflossensuppe (Haaievinnen Sop)

1 Platte getrocknete Haifischflossen, 5 Tassen Hühnerbrühe, 1 Tasse zerkleinertes Hühnerfleisch, 1 Tasse gehackter Schinken, 3 Scheiben frischer Ingwer oder 1/2 KL Ingwerpulver, 1 EL Stärkemehl, Salz, Pfeffer, 2 KL Weinessig, 2 EL Sojasoße.

Die Haifischflossen waschen und 6 Stunden in Wasser einweichen, bis sie weich sind. Das Wasser alle zwei Stunden wechseln. Dann die Flossen in siedendes Wasser geben und 5 Minuten kochen. Kalt abspülen und abtropfen lassen. Zur kochenden Hühnerbrühe geben und bei geringer Hitze 40 Minuten kochen. Hühnerfleisch, Schinken, Ingwer, Stärke, Salz und Pfeffer hinzufügen und weitere 10 Minuten kochen. Mit Sojasoße und Essig abschmecken.

Wan-Tang-Suppe, chinesische Art (Hun-Duen Tang)

1 Ei, 2 Tassen Mehl, ca. 6 EL Wasser, 250 g Hackfleisch, 1 EL Butter, 1 große Zwiebel, 1 l Hühnerbrühe, Salz, Pfeffer.

Aus Mehl, Ei, Salz und Wasser einen festen Teig kneten und hauchdünn ausrollen. In ca. 6 cm große Quadrate schneiden. Hackfleisch mit der kleingehackten Zwiebel in Butter gar braten. Mit Salz und Pfeffer würzen. Auf jedes Teigstück einen Kaffeelöffel der Hackfleischmischung geben, diagonal falten und die Teigränder fest zusammendrücken. In der kochenden Hühnerbrühe 10 Minuten ziehen lassen.

Meeresfrüchte und Fisch

Meeresfrüchte und Fisch sind in Südostasien Grundnahrungsmittel und besonders in Küstengebieten Eiweißlieferanten Nummer Eins. Wichtig bei der Zubereitung von Fisch ist das richtige Würzen. Zwiebel, Ingwer und Sherry spielen dabei eine wichtige Rolle. Krabben werden gern in Eierkuchenteig getaucht und schwimmend herausgebacken. Fisch wird häufig gebraten, aber auch gedünstet serviert. Nicht selten sind Gerichte, bei denen Fisch und Fleisch kombiniert verwendet werden.
Scharfe und süß-saure Soßen werden zu Meeresfrüchten und Fisch besonders gern gereicht, ebenso Chutneys und Relishes.

Gebratene Krabben (Udang Goreng Asam)

750 g große geschälte oder ungeschälte Krabben, 1 Tasse Zitronensaft, Salz, 3 Tassen Öl.

Zitronensaft und Salz in einem Topf vermischen und die Krabben hinzufügen. Bei größter Hitze dünsten, bis die Flüssigkeit verdampft ist. Öl erhitzen und die Krabben darin hellbraun braten. Auf Saugpapier abtropfen lassen.

Schmetterlingskrabben mit Schinken (Udang Gulung Ham)

750 g große geschälte Krabben, 3/4 Tasse Mehl, Salzz, Pfeffer, 2 geschlagene Eier, 1 KL Backpulver, 1/2 Tasse Wasser, 250 g in Scheiben geschnittener Schinken, 3 Tassen Öl.

Aus Mehl, Eiern, Wasser, Salz, Pfeffer und Backpulver einen Teig rühren. Um jede Krabbe ein Stück Schinken wickeln, evtl. feststecken. In den Teig tauchen und in Öl goldbraun braten. Auf Saugpapier abtropfen lassen.

In Teig gebratene Krabben (Udang Goreng)

750 g geschälte Krabben, 1–2 Eier, 1/2 Tasse Mehl, Salz, Pfeffer, 3 Tassen Öl, 3 Zitronen.

Die Krabben säubern. Aus Ei, Mehl, Salz und Pfeffer einen Teig rühren. Die Krabben hineintauchen und in heißem Öl schwimmend hellbraun braten. Auf Saugpapier abtropfen lassen. Mit Zitronenspalten garniert auftragen.

Abwandlung:
Statt Krabben in Streifen geschnittenes Fischfilet verwenden.

▼

▲

Krabben in Tomatensoße (Udang Masak Saos Tomat)

750 g geschälte Krabben, 2 gehackte Knoblauchzehen, 1 Tasse Erbsen, 1 Tasse gewürfelte Ananas, 2 EL Öl, Salz, Pfeffer, 1/2 Tasse Wasser, 3 KL Zucker, 6 EL Ketchup, 2 KL Stärkemehl.

Die Krabben 3 Minuten in Wasser kochen, dann abtropfen lassen. Knoblauch in Öl bräunen. Salz, Pfeffer, Wasser, Zucker, Ketchup und Krabben hinzufügen und aufkochen lassen. Das in Wasser angerührte Stärkemehl zugeben und 5 Minuten rühren. Heiß auftragen.

Abwandlung:
Krabben durch in Streifen geschnittenes Fischfilet ersetzen. Oder: Zu Teig gebratene Krabben (Rezept S. 17) mit der angerührten Soße übergießen.

Krabben mit Mandeln (Udang Masak Amandel)

750 g geschälte Krabben, 3 in Würfel geschnittene Selleriestengel, 1 Tasse gehackte Mandeln, 3 EL Öl, 1–2 gehackte Zwiebeln, 3 EL Sherry, Sambal, Salz, Pfeffer.

Die Krabben säubern und abtrocknen. Zwiebeln 2 Minuten in Öl rösten. Krabben, Sherry, Mandeln, Sellerie, Salz und etwas Sambal und Pfeffer hinzugeben. 5 Minuten bei großer Hitze rühren.

Gewürzte Krabben (Udang Kerie)

750 g geschälte Krabben, 2 EL Öl, 1–2 gehackte Zwiebeln, 3 gehackte Knoblauchzehen, 3 KL Currypulver, 2 Tassen Milch oder Kokosmilch, 50 g Glasnudeln, 1 Blatt Salam (Lorbeer), 1 KL Koriander, 1 Prise gemahlener Kümmel.

Glasnudeln 20 Minuten in kaltem Wasser einweichen. Krabben säubern und abtropfen lassen. Zwiebel und Knoblauch 2 Minuten in Öl rösten. Krabben, Curry, Milch, Nudeln, Lorbeerblatt, Koriander und Kümmel zufügen. Bei geringer Hitze 15 Minuten dünsten.

Abwandlung:
Die Krabben durch in Streifen geschnittenes Fischfilet ersetzen.

Geschmorte Krabben mit Gemüse (Udang Tjha)

750 g geschälte Krabben, 3 EL Öl, 3 gehackte Zwiebeln, 3 gehackte Knoblauchzehen, 1 Tasse in Streifen geschnittener Schinken, 3 EL Sojasoße, Salz, Pfeffer, 2 Tassen gewürfelter Weißkohl, 1 Tasse Bambussprossen, 2 klein gewürfelte Selleriestengel.

Krabben waschen und abtropfen lassen. Zwiebel und Knoblauch 2 Minuten in Öl bräunen. Krabben, Schinken, Sojasoße, Salz, Pfeffer, Kohl und Bambussprossen zugeben. 10 Minuten dünsten. 1 Minute vor dem Auftragen Sellerie zugeben.

Abwandlung:
Statt Krabben in Streifen geschnittenes Fischfilet verwenden.

Geschmorte Krabben mit Ingwer (Udang Tumis Djahe)

750 g geschälte Krabben, 2 EL Öl, 3 EL Sojasoße, 3 KL Zucker, 2 EL Essig, 3 KL gewiegte, frische Ingwerwurzel, Salz, Pfeffer, 3 EL Sherry.

Die Krabben säubern und abtrocknen. In einer Pfanne Öl, Sojasoße, Zucker, Essig, Salz, Pfeffer und Ingwer zusammen erhitzen, die Krabben hinzufügen und bei großer Hitze 5 Minuten dünsten. 1 Minute vor dem Auftragen den Sherry unterrühren. Heiß servieren.

Gekochte Krabben mit süß-saurer Soße (Udang Rebus)

750 g ungeschälte Krabben, 1–2 Tassen Wasser, Salz, 2 KL Senf, 2 KL gewiegte frische Ingwerwurzel oder Ingwerpulver, 2 EL Zucker, 2 EL Essig, 2 EL Sojasoße.

Krabben säubern, in Salzwasser 8 Minuten kochen, dann abtropfen lassen und schälen. Senf, Ingwer, Zucker, Essig und Sojasoße gut verrühren und diese Soße zu den Krabben servieren.

Krabben mit Austernsoße (Udang Masak Saos Tiram)

750 g große ungeschälte Krabben, 2 EL Sojasoße, 2 EL Austernsoße (Fertigsoße), 1 EL Stärkemehl.

Kopf und Beine der Krabben entfernen, die Schale zum Säubern spalten, jedoch daranlassen. Pfanne erhitzen, die Krabben hineinlegen und 2 Minuten rundherum braten, Sojasoße, Austernsoße und Stärke zugeben. Bei großer Hitze ständig rühren, bis die Flüssigkeit eingezogen ist. Heiß oder kalt auftragen.

Krabben mit Erbsen (Udang Masak Katjang Kapri) ►

750 g geschälte Krabben, 1 gehackte Zwiebel, 3 EL Öl, 3 EL Sojasoße, Salz, Pfeffer, 2 EL Sherry, 2 Tassen Erbsen.

Krabben waschen und abtrocknen. Zwiebel 2 Minuten in Öl bräunen. Krabben, Sojasoße, Salz, Pfeffer und Sherry dazugeben. 10 Minuten dünsten. 1 Minute vor dem Auftragen die Erbsen hinzufügen. Gut umrühren.

Gebratene Krabbenklößchen (Bakso Udang Goreng)

750 g geschälte Krabben, Salz, Pfeffer, 2 steif geschlagene Eiweiß, 3 Tassen Öl, 2 Zitronen.

Die Krabben säubern und zu einer feinen Paste drücken. Mit Salz, Pfeffer und Eiweiß mischen. Daraus Klößchen formen und in heißem Öl goldbraun braten. Mit Zitronenscheiben garnieren.

Pilze mit Schweinefleisch und Krabben gefüllt (Djamur Isi Udang)

12 große chinesische Pilze, 350 g geschälte Krabben, 350 g gehacktes Schweinefleisch, 1 gehackter Stengel Sellerie, Salz, Pfeffer, 3 EL Öl, 3 EL Sojasoße, 3/4 Tasse Wasser.

Pilze 1 Stunde einweichen und dann abtropfen lassen. Die Stiele entfernen. Krabben säubern, zerdrücken und mit Schweinefleisch, Sellerie, Salz und Pfeffer mischen. Die Pilze mit dieser Mischung füllen. In Öl kurz anbraten. Mit Sojasoße und Wasser aufgießen und bei geringer Hitze 20 Minuten dünsten.

Krabben mit saurer Soße (Udang Pindang Ketjap)

750 g geschälte Krabben, 3 EL Sojasoße, 1 gehackte Zwiebel, 3 Lorbeerblätter, 2 zerkleinerte rote Pfefferschoten, 1/2 Tasse Tamarinden- oder Zitronensaft, Salz, 1 Tasse Wasser.

Krabben waschen und abtrocknen. Alle Zutaten in eine Pfanne geben und bei geringer Hitze 20 Minuten rühren.

Abwandlung:
Statt Krabben 750 bis 1000 g in Scheiben geschnittenen Fisch verwenden.

Krabben in roter Pfeffersoße (Udang Masak Goreng Asam)

750 g große geschälte Krabben, 1 gehackte Zwiebel, 2 KL Garnelenpaste (fertig), 2 EL Öl, 3 EL roter Pfeffer, 1 EL Paprika, 20–30 g Tamarindenmus, Salz.

Krabben waschen und abtrocknen. Zwiebel in Öl bräunen. Garnelenpaste, Pfeffer, Paprika, Tamarindenmus, Salz und Krabben zugeben. Bei geringer Hitze 20 Minuten dünsten.

Abwandlung:
Statt Krabben 1 kg in Scheiben geschnittenen Fisch sowie 2 Tassen Wasser verwenden.

Krabbenklößchen in Brühe (Bakso Udang)

200 g geschälte Krabben, 1 EL Kartoffelstärke, Salz, Pfeffer, 1/2 Ei, 8 Tassen Hühnerbrühe, 2 Tassen zerkleinerter Weißkohl, 100 g Glasnudeln.

Glasnudeln eingeweicht durch den Fleischwolf drehen. Krabben säubern, abtrocknen und zerdrücken. Salz, Pfeffer, Kartoffelstärke und Ei untermischen und aus der Masse Klößchen formen. Diese 5 Minuten in der Brühe kochen. Kohl und Nudeln dazugeben und noch 10 Minuten ziehen lassen.

Abwandlung:
Statt Krabben 750 g gehacktes Fischfilet verwenden.

Krabben mit Gurken (Tumis Udang Pakai Ketimun)

750 g geschälte Krabben, 3 KL Stärkemehl, Salz, Pfeffer, 3 mittelgroße Salatgurken, 1 gehackte Zwiebel, 3 EL Öl, Sojasoße, 1/2 Tasse geröstete Zwiebelwürfel.

Die Krabben säubern, abtrocknen und mit Stärke, Salz und Pfeffer mischen. Die Gurken schälen, der Länge nach teilen und in 2 cm große Stücke schneiden. Die Kerne entfernen. Zwiebel in Öl braten, Krabben dazugeben und 5 Minuten lang rühren. Gurkenstücke hinzufügen und weitere 5 Minuten dünsten. Mit Sojasoße abschmecken. Mit gerösteter Zwiebel garniert heiß servieren.

Huhn mit Krabben gefüllt (Udang Gulung Ajam)

750 g geschälte Krabben, Salz, Pfeffer, 3 Hühnerbrüste, Stärkemehl, 3 EL Öl, 1 gehackte Zwiebel, 2 EL Sojasoße, 1 Tasse Hühnerbrühe, 2 Tassen gekochte Erbsen (Dose), Sherry.

Krabben säubern, abtrocknen und zerdrücken, mit Salz und Pfeffer vermischen. Hühnerfleisch in dünne Scheiben schneiden. Jede Scheibe mit Krabbenpaste bestreichen und zusammenrollen, die Enden mit wenig dick angerührtem Stärkemehl zukleben. Die Rollen bei großer Hitze 5 Minuten in Öl braten. Zwiebel hinzufügen und 1 Minute umrühren. Sojasoße und Brühe zugießen. 10 Minuten ziehen lassen. 1 Minute vor dem Auftragen Erbsen zugeben. Mit Sherry abschmecken.

Krabben mit grünem Pfeffer (Udang Masak Tjabe Hidjau)

750 g geschälte Krabben, 3 KL Stärkemehl, 3 große grüne Pfefferschoten, 3 EL Öl, 3 EL Sherry, Salz, Pfeffer.

Krabben säubern, abtrocknen und mit der Stärke mischen. Den grünen Pfeffer vierteln, die Samen entfernen und jedes Viertel in 3 Stücke schneiden. Krabben 3 Minuten in Öl schmoren, dann den Sherry zugeben. 1 Minute lang umrühren, dann die Krabben herausnehmen und zur Seite stellen. Den grünen Pfeffer in der Flüssigkeit 2 Minuten bei großer Hitze dünsten. Krabben hinzugeben und mit Salz und Pfeffer würzen. 3 Minuten lang umrühren.

Krabben mit Bohnensprossen (Udang Masak Tauge)

750 g geschälte Krabben, 2 EL Öl, 2 gehackte Knoblauchzehen, 2 Scheiben frische Ingwerwurzel oder Ingwerpulver, 1 Tasse Wasser, Salz, Pfeffer, 2 Tassen Bohnensprossen.

Die Krabben in Öl erhitzen. Knoblauch und Ingwer hinzufügen und 1 Minute rösten. Mit Wasser aufgießen und 5 Minuten kochen. Salz, Pfeffer und Bohnensprossen zugeben. 2 Minuten rühren und heiß auftragen.

Abwandlung:
Statt der Bohnensprossen 2 Tassen zerkleinerten, 2 bis 3 Minuten vorgekochten Chinakohl verwenden. Das Gericht kann auch mit je 1/2 Tasse Bohnensprossen, Erbsen, in Scheiben geschnittenen chinesischen Pilzen und gewürfelten Wasserkastanien zubereitet werden. Getrocknete Pilze vorher 2 Stunden einweichen, dann abtropfen lassen. Frische Erbsen und Wasserkastanien 3 bis 5 Minuten vorkochen.

Süß-saure Krabben (Udang Asam Manis)

2 Eier, 6 EL Mehl, Salz, 2 Tassen Wasser, 750 g große geschälte Krabben, 3 Tassen Öl, 6 Scheiben frische Ingwerwurzel oder Ingwerpulver, 1 Tasse Essig, 1/2 Tasse grüner Pfeffer, 1/2 Tasse Karottenscheiben, 1/2 Tasse zerschnittene Ananas, 6 EL Zucker, 2 EL Sojasoße, 3 KL Stärkemehl.

Einen Teig aus Ei, Mehl, Salz und 1 Tasse Wasser anrühren. Krabben säubern und abtrocknen. In den Teig tauchen, 3 Minuten in heißem Öl schwimmend braten und wegstellen. Öl abgießen und nur 3 Eßlöffel davon in der Pfanne lassen. Ingwer, den Rest Wasser, Essig, grünen Pfeffer, Karotten, Ananas, Zucker, Sojasoße und Salz zugeben. 5 Minuten umrühren. Die in etwas Wasser gelöste Stärke unterziehen und noch 2 Minuten aufkochen lassen. Über die Krabben verteilen und sofort auftragen.

Abwandlung:
Statt der Krabben 1 kg Fisch verwenden. Den Fisch säubern und trockenreiben. Auf jeder Seite 2 diagonale Schlitze schneiden. Mit Salz einreiben und 5 Minuten von jeder Seite in Öl braten. Nur einmal umdrehen. Auf Küchenpapier abtropfen lassen. Das süß-saure Gemisch über den Fisch verteilen und sofort auftragen.

▲

Fisch mit chinesischen Pilzen (Ikan Tim Pakai Ham Dan Djamur)

1 ganzer Fisch (mindestens 1 kg schwer), 3 große chinesische Pilze, 1/4 Tasse gehackter Schinken, 2 EL frische gehackte Ingwerwurzel, 1 EL Sojasoße, Salz, Pfeffer, 1/2 Tasse zerlassene Butter, 1 EL gehackte Schalotten.

Den Fisch säubern, abtropfen lassen und in eine feuerfeste Form legen. Die Pilze 1/2 Stunde einweichen, abtropfen lassen und in Scheiben schneiden. Mit allen anderen Zutaten mischen und über den Fisch verteilen. 1 Stunde zugedeckt dünsten, bis der Fisch durch ist. Mit körnig gekochtem Reis und süß-sauren Soßen Chutneys oder Relishes servieren.

Abwandlung:
Statt Schinken 3 gewürfelte Bohnenkuchen verwenden. Schalotten durch kleingeschnittenen Lauch oder Bleichsellerie ersetzen.

Marinierter Fisch (Ikan Tjuka)

1 kg Fisch (Schellfisch oder Kabeljau), 1 EL Öl,
4 gehackte Knoblauchzehen, 1 gehackte Zwiebel,
5 Scheiben frische Ingwerwurzel, 2 Tassen Essig,
1 KL Kurkuma, Salz.

Fisch säubern, abtrocknen und in Scheiben schneiden. Knoblauch, Zwiebeln und Ingwer 2 Minuten in Öl bräunen. Essig, Kurkuma, Salz und den Fisch hinzufügen. Bei geringer Hitze 20 Minuten dünsten. Der Fisch schmeckt noch besser, wenn man ihn mehrere Tage zuvor in Essig legt. Mit der Marinade kalt auftragen.

Abwandlung:
Den Fisch vor dem Einlegen in das Essiggemisch in schwimmendem Öl braten. Nur kurz in der Marinade ziehen lassen. Kalt servieren.

Gebratener Fisch mit Sojabohnensoße (Ikan Goreng Tao Tjo)

1 kg Fisch (Karpfen, Rotbarsch), Salz, 2 Tassen Öl,
1 gehackte Zwiebel, 1 EL streifig geschnittene, frische Ingwerwurzel,
2 EL fermentierte Sojabohnen (sehr salzig!), 1 EL Essig,
1/2 Tasse Wasser, 1 KL Stärkemehl.

Den Fisch waschen, abtrocknen, auf jeder Seite diagonal schlitzen und mit Salz einreiben. In Öl 5 Minuten von jeder Seite braten. Nur einmal umdrehen. Auf Küchenpapier abtropfen lassen. Zwiebel und Ingwer 2 Minuten in wenig Öl bräunen. Dann Sojabohnen, Essig und in Wasser gelöstes Stärkemehl hinzufügen. 5 Minuten unter ständigem Rühren kochen lassen. Über den gebratenen Fisch verteilen und sofort auftragen. Mit Reis servieren.

Fisch in Kokosmilch (Ikan Santan)

1 ganzer Fisch (mindestens 1 kg schwer), 2 Tassen Kokosmilch,
1 EL roter Pfeffer, 1 KL Kurkuma, Salz, 10 Minzenblätter.

Den Fisch waschen, auf jeder Seite diagonal schlitzen und in eine feuerfeste Form legen. Kokosmilch mit rotem Pfeffer, Salz, Kurkuma und Minzenblättern mischen und das Gemisch über den Fisch gießen. Im Ofen 30 Minuten bei geringer Hitze backen, bis der Fisch durch ist. Mit Reis und Gemüse anrichten.

Krabben Sambal Goreng (Sambal Goreng Udang)

750 g geschälte Krabben, 2 EL Öl, 1 gehackte Zwiebel,
3 gehackte Knoblauchzehen, 2 KL Krabbenpaste, 1 EL Sambal,
1 1/2 Tassen Kokosmilch, 3 Blätter Salam (Lorbeer),
1 EL Zucker, Salz, 2 EL Tamarindensaft.

Zwiebel, Knoblauch, Sambal und Krabbenpaste 2 Minuten in Öl rösten. Kokosmilch, Lorbeerblätter, Zucker und Salz beigeben. Bei geringer Hitze 1 Minute ziehen lassen. Krabben dazugeben und weitere 10 Minuten dünsten. 2 Minuten vor dem Auftragen Tamarindensaft hinzufügen.

Salzfisch mit Tomaten (Ikan Asin Tomat)

500 g gesalzener Trockenfisch, 2 Tassen Öl,
2 in Scheiben geschnittene Zwiebeln, 1/2 Tasse rote Pfefferschoten,
1/4 Tasse Zitronensaft, 3 Tomaten.

Den Fisch gut waschen und in Scheiben schneiden. In Öl hellbraun braten und abtropfen lassen. Zwiebel und Pfefferschoten in etwas Öl rösten. Zitronensaft und Tomatenachtel zufügen und 1 Minute ziehen lassen. Das Gemisch über den Fisch verteilen. Mit Reis anrichten.

Gesottene Abalonen (Pauhie Tjha) ►

500 g Abalonen (Dose), 1 gehackte Zwiebel,
2 gehackte Knoblauchzehen, 2 EL Öl,
100 g in Streifen geschnittener Schinken,
1/2 Tasse geschälte und gekochte Krabben, 1 EL Sojasoße,
1 Tasse in Scheiben geschnittene Bambussprossen,
1 Tasse zerkleinerter Kohl oder Chinakohl, Salz, Pfeffer,
1–2 Tassen Hühnerbrühe,
3 Stengel in Streifen geschnittener Sellerie.

Abalonen in Streifen schneiden. Zwiebel und Knoblauch in heißem Öl 2 Minuten rösten. Abalonen, Schinken, Krabben, Sojasoße, Bambussprossen, Kohl, Salz, Pfeffer und Brühe zugeben. 10 Minuten bei geringer Hitze ziehen lassen. 1 Minute vor dem Auftragen den Sellerie hinzufügen.

◀ Krabben in scharfer Soße (Dchi-Li Ming-Hia)

*500 g große geschälte Krabben, 1 Ei, 4 EL Mehl, Öl,
1 EL gehackter Ingwer, 1 Zwiebel, 1 Knoblauchzehe,
1 Stange Lauch, 1 rote Pfefferschote, 1 Tasse chinesische Pilze,
1 EL Chilisoße, Salz.*

Die Krabben salzen und in einem Teig aus Ei und Mehl wenden. In heißem Öl schwimmend herausbacken, dann warm stellen. Ingwer, Zwiebel und Knoblauch fein hacken und in wenig Öl anbraten. Lauch, Pfefferschote und die zuvor eingeweichten Pilze kleinschneiden und hinzufügen. Mit Chilisoße und Salz würzen. Das Gemüse weich dünsten und über die Krabben verteilen.

◀ Fisch mit frischen Pilzen (Ikan Masak Djamur)

*750 g Fischfilet (portioniert), 2 EL Öl,
1 Tasse streifig geschnittene Bambussprossen, 1 Tasse Erbsen,
1 Tasse Sojakeime, 1–2 gehackte Zwiebeln,
750 g in Scheiben geschnittene Pilze, 2 EL Sojasoße,
Salz, Pfeffer, 2 EL Sherry, 2 EL Ketchup.*

Den Fisch waschen und abtrocknen. Zwiebeln 2 Minuten in Öl bräunen. Gemüse, Pilze, Sojasoße, Ketchup, Salz, Pfeffer, Sherry und den Fisch zugeben. Vorsichtig umrühren und 10 Minuten dünsten. Mit Reis auftragen.

Gedünsteter Fisch (Ikan Tim)

*1 ganzer Fisch (mindestens 1 kg schwer), 2 EL Sherry,
2 EL Sojasoße, 2 EL zerkleinerte, frische Ingwerwurzel oder
Ingwerpulver, 1/2 Tasse zerlassene Butter,
2 EL gehackte Schalotten, Salz, Pfeffer.*

Den Fisch säubern, abtropfen lassen und in eine feuerfeste Form legen. Sherry, Sojasoße, Ingwer, Butter, Schalotten, Salz und Pfeffer mischen und über den Fisch gießen. 1 Stunde dünsten, bis der Fisch durch ist.

*Von oben:
Krabben in scharfer Soße
In Teig gebratene Krabben (Rezept S. 19)
Bunter Bohnensprossensalat (Rezept S. 54)
Fisch mit frischen Pilzen*

Gebratener Fischrogen (Telur Trubuk)

*750 g Fischrogen, 6 EL Mehl, 6 Tassen Öl,
2 gehackte Zwiebeln, 1 1/2 Tassen in Scheiben geschnittene rote Pfefferschoten, 3 EL Zitronensaft, Salz, Reiswein.*

Den Rogen säubern und abtrocknen, mit Mehl einstreuen und in der Pfanne in Öl schwimmend goldbraun braten. Wegnehmen und abtropfen lassen. 1 Eßlöffel Öl in der Pfanne lassen und Zwiebel und Pfefferschoten 2 Minuten darin rösten. Zitronensaft, etwas Reiswein und Salz hinzufügen und 1 Minute rühren. Den Rogen dazugeben, 1 weitere Minute rühren und auftragen. Mit einer scharfen Soße servieren.

Gesottener Tintenfisch mit Tomaten (Tjumi-Tjumi Tjha)

*12 Tintenfische, 3 EL Öl, 2 gehackte Zwiebeln,
6 gehackte Knoblauchzehen, 3 EL Sherry, 1 EL Sojasoße,
Salz, Pfeffer, 6 in Scheiben geschnittene Tomaten,
1 1/2 Tassen Wasser.*

Tintenfische waschen, Gallertartiges entfernen. In mundgerechte Stücke teilen und in Öl bei großer Hitze braten, bis sich die Fangarme kräuseln. Zwiebeln, Knoblauch, Sherry, Sojasoße, Salz, Pfeffer und Tomaten zugeben, mit Wasser aufgießen. Noch 10 Minuten dünsten.

Gebratene Fischfilets (Ch'ao-Yü-Pien)

*1 kg festes Fischfilet, 2 EL Stärkemehl, 2 Eiweiß,
2 EL Reiswein oder Sherry, Salz, Öl,
2 KL gehackter frischer Ingwer, 2 gehackte Schalotten.*

Das Fischfilet gründlich waschen, abtrocknen und in Portionsstücke schneiden. Mit Stärkemehl bestäuben und in einer Mischung aus Eiweiß, Reiswein und Salz wenden. Öl in einer Pfanne erhitzen und den Ingwer und die Schalotten kurz anbraten. Den Fisch zugeben und unter Rühren kurz mitbraten, bis er fest und weiß ist. Sofort servieren. Dazu Reis und Gemüse reichen.

Geschmorte Abalonen in Austernsoße (Tjha Pauhie Saos Tiram)

*500 g Abalonen (Dose), 1 kleingeschnittene Zwiebel,
1 EL Öl, 1 Tasse in Streifen geschnittener Schinken,
3–4 EL Austernsoße (Fertigsoße), 1 EL Sojasoße, Salz, Pfeffer,
1 Stengel gehackte Petersilie.*

Abalonen in Scheiben schneiden, 1/2 Tasse der Flüssigkeit aufheben. Zwiebel 2 Minuten in heißem Öl rösten. Abalonen, Schinken, Austernsoße, Sojasoße, Salz, Pfeffer und Abalonenflüssigkeit hinzufügen, 10 Minuten ziehen lassen. Mit Petersilie bestreut servieren. Dazu Reis oder Weißbrot reichen.

Fisch in Sojasoße (Ikan Sambal Ketjap)

*1 ganzer Fisch (mindestens 1 kg schwer), 1/2 Tasse zerlassene Butter,
2 EL Sojasoße, 2 EL Zitronensaft, 1 EL roter Pfeffer, Salz.*

Wie »Fisch in Kokosmilch« zubereiten, die Soße jedoch aus den genannten Zutaten anrühren.

Kammuscheln mit Schweinenieren (Hsien-Kan-Pei-Yao-Hua)

*6 Schweinenieren, 375 g Kammuscheln, 6 EL Erdnußöl,
2 EL Reiswein oder Sherry, 2 KL gehackte frische Ingwerwurzel,
2 gehackte Schalotten, 3 EL Sojasoße, Salz, Zucker,
2 KL Stärkemehl.*

Die Nieren der Länge nach halbieren, das Fett herausschneiden und die Oberflächen der Nierenhälften kreuzweise tief einkerben. Die Nieren dann in Scheiben oder Streifen schneiden. Die Muscheln waschen, abtrocknen und in kleine Scheiben schneiden. 3 Eßlöffel Öl in der Pfanne erhitzen, die Muscheln hineingeben und 1 Minute unter Rühren braten, bis sie weiß, aber nicht zu fest sind. Den Reiswein zugießen, salzen und umrühren. Dann die Muscheln herausnehmen und beiseitestellen. Das restliche Öl in die Pfanne gießen und darin Ingwer und Schalotten anbraten. Dann die Nierchen dazugeben und 2 Minuten bei starker Hitze braten. Sojasoße und Zucker hinzufügen. Die Muscheln wieder in die Pfanne geben und mit den Nierchen vermischen. Stärkemehl in etwas Wasser anrühren und das Gericht damit binden. Auf einer vorgewärmten Platte sofort servieren.

Schweinefleisch war und ist das beliebteste und am meisten verwendete Fleisch in Südostasien. Schon in früheren Zeiten wurden Schweine als Schlachttiere gehalten. Rinder dagegen waren immer in erster Linie Arbeitstiere und zu schade, um zum Verzehr geschlachtet zu werden. Dazu kommt, daß Schweinefleisch schneller gar ist als Rindfleisch und sich deshalb besonders gut zu Pfannengerichten eignet. Rindfleisch wird häufig erst vorgekocht und dann gebraten. Gerichte mit Hammelfleisch sind seltener. Sie werden im allgemeinen ähnlich wie Rindfleischgerichte zubereitet.
Besonders beliebt sind Innereien, sowohl von Schwein, Rind oder Hammel. Verwendet werden Herz, Niere, Leber, Milz, Lunge und beim Rind auch der Magen (Kutteln!). Scharf abgeschmeckt sind diese Innereigerichte sehr delikat.

Schweineklöße in Brühe (Bakso Babi)

750 g mageres gehacktes Schweinefleisch, Salz, Pfeffer, 1/2 Tasse gehackter Bleichsellerie, 4 gehackte Knoblauchzehen, 1 gehackte Zwiebel, 6 Tassen Fleischbrühe, 1 Tasse Glasnudeln, 3 Tassen zerkleinerter Weißkohl.

Schweinefleisch mit Salz, Pfeffer, Sellerie, Zwiebel und Knoblauch mischen. Kleine Klößchen formen und in die kochende Brühe legen. Bei geringer Hitze 20 Minuten ziehen lassen. Glasnudeln und Kohl hinzugeben und weitere 5 Minuten garen. Mit pikanten Soßen und Sambal-Mischungen servieren.

▼

Gedünstetes Schweinefleisch mit Bambussprossen (Babi Masak Rebung) ►

2 EL Öl, 1 gehackte Zwiebel, 5 gehackte Knoblauchzehen, 750 g mageres, geschnetzeltes Schweinefleisch, 2 Tassen Bambussprossen, 3 EL Sojasoße, 1 EL Stärkemehl, Zucker, Essig, Sherry.

Zwiebel und Knoblauch 2 Minuten in Öl rösten. Schweinefleisch, Bambussprossen und Sojasoße dazugeben, umrühren und 20 Minuten bei geringer Hitze ziehen lassen. 2 Minuten vor dem Auftragen die in Wasser gelöste Stärke zugeben. Mit Zucker, Essig und Sherry abschmecken.

Rippenspeer mit Senfgemüse und Ananas (Tulang Babi Masak Sajur Asin)

1500 g Rippenspeer vom Schwein, 1 Dose Senfgemüse, 7 Tassen Wasser, 3 Scheiben frische Ingwerwurzeln oder Ingwerpulver, Salz, 1 EL Sojasoße, 1 EL Stärkemehl, 5 Scheiben Ananas.

Rippenspeer zwischen den Knochen durchschneiden und Knochen entfernen. Jeden Speer in 6 cm lange Stücke schneiden und in einen Topf legen. Senfgemüse, Wasser, Ingwer und Salz zugeben. Bei geringer Hitze 40 Minuten kochen, bis das Fleisch zart ist. Sojasoße, angerührtes Stärkemehl und kleingeschnittene Ananas zugeben. Nochmals kurz erhitzen.

Schweinesteak mit Pilzen (Bifstik Babi)

6 Schweinesteaks oder Schnitzel, Salz, Pfeffer, 3 KL Zimt, 2 KL Muskat, 1 Tasse flüssige Butter, 1 1/2 Tassen Wasser, 1 EL Sojasoße, 2 KL Stärkemehl, 2 Tassen gehackte Pilze (Dose).

Das Schweinefleisch waschen, abtrocknen und mit Salz, Pfeffer, Zimt und Muskat einreiben. 1 Stunde ziehen lassen, dann in Butter bräunen, Wasser dazugeben und zum Kochen bringen. Bei geringer Hitze 10 Minuten dünsten. Die Pilze und die gelöste Stärke hinzufügen, mit Sojasoße abschmecken. Weitere 2 Minuten rühren.

Gesottenes Schweinefleisch mit Tintenfisch (Djuhie Tjha)

2 Tassen getrockneter, streifig geschnittener Tintenfisch, 750 g mageres, streifig geschnittenes Schweinefleisch, 1 gehackte Zwiebel, 3 gehackte Knoblauchzehen, 1/2 Tasse Öl, 3 EL Sojasoße, Salz, Pfeffer, 3/4 Tasse geschälte und gekochte Krabben, 2 Stengel in Streifen geschnittener Sellerie, Reiswein.

Den Tintenfisch zweimal waschen, 1/2 Tasse Wasser hinzufügen und über Nacht einweichen. Abtropfen lassen und das Wasser aufbewahren. Zwiebel und Knoblauch in Öl bräunen. Schweinefleisch, Sojasoße, Salz, Pfeffer und Wasser vom Tintenfisch hinzugeben. Bei geringer Hitze 30 Minuten dünsten. Krabben beifügen und weitere 2 Minuten rühren. Sellerie hinzugeben und kurz mit erhitzen.
Mit Reiswein abschmecken.

Abwandlung:
Fertig gekochten Reis gegen Ende der Garzeit zu dem Fleisch-Fisch-Gemisch in die Pfanne geben. Unter Rühren kurz mit erhitzen. Sofort servieren.

Schweinefleisch mit Fisch und Rettich (Babi Masak Lobak)

750 g mageres, kleingeschnittenes Schweinefleisch,
200 g getrockneter, gesalzener, in Scheiben geschnittener Fisch,
5 Tassen Wasser, 3 Scheiben frische Ingwerwurzel,
2 Tassen in Würfel geschnittener weißer Rettich, 3 EL Sojasoße.

Schweinefleisch, Fisch, Wasser und Ingwer in einem Topf bei geringer Hitze 20 Minuten kochen. Weißen Rettich dazugeben und weitere 5 Minuten gelinde kochen. Mit Sojasoße abschmecken.

Geschmorter Schinken mit Kastanien (Ham Masak Kastanje)

750 g Wasserkastanien (frisch oder Dose), 1 kg Vorderschinken,
3 EL Sojasoße, 3 Tassen Wasser, 2 EL Sherry, 2 EL brauner Zucker,
3 gehackte Knoblauchzehen, 3 Stengel gehackte Schalotten,
2 Stengel gehackter Sellerie, 5 Scheiben frische Ingwerwurzeln,
Salz, Pfeffer.

Frische Kastanien waschen und einschneiden. 5 Minuten in Wasser kochen, abtropfen lassen und heiß schälen. Dosen-Kastanien abtropfen lassen. Den Schinken in Würfel schneiden. Sojasoße, Wasser, Sherry, Zucker, Knoblauch, Schalotten, Ingwer, Salz und Pfeffer zum Kochen bringen, Schinkenwürfel zugeben. Bei geringer Hitze 2 Stunden dünsten. In der letzten Stunde die Kastanien und den Sellerie zugeben.

Gegrillter Rippenspeer (Tulang Babi Panggang)

1500 g Rippenspeer, 1 Tasse Sojasoße, 1/2 Tasse Sherry,
3 EL brauner Zucker, 1 Tasse Ananassaft, 2 KL Ingwer,
3 gehackte Knoblauchzehen, Salz, Pfeffer.

Den Rippenspeer waschen und zerteilen. Die übrigen Zutaten vermischen und das Fleisch darin 3 Stunden marinieren. Dann auf einen Bratrost legen und von jeder Seite bei geringer Hitze 10 Minuten braten. Dabei mehrmals mit dem Gemisch übergießen. Mit gebratenen Nudeln und scharfer Soße servieren.

Gefüllte Auberginen (Bakso Terong)

*750 g gehacktes Schweinefleisch, Salz, Pfeffer,
1 EL Sojasoße, 3 EL gehackte Zwiebeln, 3 KL gehackter Knoblauch,
1 Dose Sojakeimlinge, 3 Eier, 6 Auberginen, 1 1/2 Tassen Wasser.*

Schweinefleisch, Salz, Pfeffer, Sojasoße, Zwiebel, Sojakeimlinge, Knoblauch und Ei mischen. Auberginen waschen und die Enden jeweils abschneiden. Aushöhlen und mit dem Fleischgemisch füllen. In einer Pfanne mit Wasser 1/2 Stunde bei geringer Hitze dünsten. Die Auberginen in 2 cm dicke Scheiben schneiden und mit einer scharfen Soße auftragen.

Gebratenes Schweinefleisch mit Erdnüssen (Babi Masak Katjang Tanah)

*750 g gewürfeltes Schweinefleisch, 2 EL brauner Zucker,
2 EL Mehl, Salz, Pfeffer, 2 Tassen Öl, 1 Tasse Erdnüsse,
2 EL Sojasoße, 3 EL Butter, 1 Dose Bambussprossen.*

Das Fleisch in einer Mischung aus braunem Zucker, Mehl, Salz und Pfeffer wenden und in erhitztem Öl braten, bis es knusprig braun ist. Die Nüsse 10 Minuten in Butter rösten. Das Fleisch, die Sojasoße und die Bambussprossen hinzugeben und weitere 3 Minuten rühren.

Schweinefleisch mit Krabben und Pilzen (Babi Masak So-un)

*3 große chinesische Pilze, 200 g Glasnudeln,
1 kleingeschnittene Zwiebel, 3 EL Öl,
350 g geschnetzeltes Schweinefleisch,
350 g gekochte und geschälte Krabben, 2 EL Sherry,
2 EL Sojasoße, Salz, Sambal, 1 Tasse Brühe,
1 Tasse gehackter Bleichsellerie.*

Die Pilze 2 Stunden in Wasser einweichen, dann in Scheiben schneiden. Die Nudeln 20 Minuten einweichen. Zwiebel in Öl bräunen. Schweinefleisch, Krabben und Sherry dazugeben und 3 Minuten schnell umrühren. Sojasoße, Salz, Sambal, Brühe, Nudeln und Pilze dazugeben und 10 Minuten bei großer Hitze dünsten. 1 Minute vor dem Auftragen den gehackten Sellerie hinzufügen.

Schweinespießchen mit Sojasoße (Sate Babi Bumbu Ketjap)

*1 kg mageres Schweinefleisch, 10 EL indonesische Sojasoße,
1 gehackte Zwiebel, 3 gehackte Knoblauchzehen,
Salz, Pfeffer.*

Fleisch würfeln und in einer Mischung aus allen übrigen Zutaten 1 Stunde marinieren. Auf Holzspießchen verteilen und bei mäßiger Hitze etwa 10 Minuten grillen, bis das Fleisch gar ist. Mit der Marinade und Erdnußbutter servieren.

Schweinespießchen nach Padang-Art (Sate Babi Padang)

*1 kg mageres Schweinefleisch, 1 gehackte Zwiebel,
1 EL Kurkuma, Salz, Pfeffer,
4 Tassen Kokosmilch, 2 EL roter Pfeffer, 15 Holzspießchen.*

Schweinefleisch würfeln und mit allen anderen Zutaten in einer Pfanne bei geringer Hitze etwa 30 Minuten dünsten. Auf Holzspießchen je 5 bis 6 Fleischstücke stecken und bei geringer Hitze etwa 10 Minuten grillen, dabei 2 bis 3 mal wenden. Mit der Soße übergossen servieren.

Gedünstete Schweinenieren (Masak Jotjio)

*6 Schweinenieren, 1 Tasse Sherry, 1 gehackte Zwiebel,
3 gehackte Knoblauchzehen, 2 EL gehackter frischer Ingwer,
3 EL Öl, 250 g in Streifen geschnittenes Schweinefleisch,
250 g in Streifen geschnittene Schweineleber, 3 EL Sojasoße,
1 Tasse gehackter Bleichsellerie.*

Die Nieren halbieren und das Innere entfernen. Mehrmals waschen, dann in Scheiben schneiden. 30 Minuten in Sherry einweichen. Zwiebel und Knoblauch in Öl bräunen, dann Ingwer, Leber, Schweinefleisch, die Nieren mit dem Sherry und Sojasoße hinzufügen. Umrühren und 30 Minuten bei geringer Hitze dünsten. 1 Minute vor dem Auftragen den Sellerie dazugeben.

Schweinefleisch mit Glasnudeln und Gemüse (Masak Kimlo) ►

100 g Glasnudeln, 3 Tassen Wasser,
1 Tasse kleingeschnittene rote Pfefferschoten,
2 Tassen kleingeschnittene grüne Bohnen,
500 g geschnetzeltes Schweinefleisch, 1 Tasse Erdnüsse,
2 Tassen zerkleinerter Weißkohl, 1 Tasse chinesische Morcheln,
Salz, Pfeffer, Sojasoße.

Die Glasnudeln 20 Minuten im Wasser einweichen. Zum Kochen bringen und alle übrigen Zutaten dazugeben. Bei geringer Hitze 40 Minuten dünsten.

Geschmortes Rindfleisch mit Sojasoße (Daging Semoor)

750 g geschnetzeltes Rindfleisch, 1/2 Tasse flüssige Butter,
1 gehackte Zwiebel, 3 gehackte Knoblauchzehen, 2 Tassen Wasser,
3 EL Sojasoße, 2 KL Muskatpulver, Salz, Sambal,
1 Tasse kleingeschnittene Pilze.

Das Rindfleisch in Butter bräunen. Zwiebel und Knoblauch kurz mitbraten. Wasser, Sojasoße, Muskat, Salz, Sambal und Pilze hinzufügen. Aufkochen und 30 Minuten ziehen lassen. Mit Reis oder Nudeln servieren.

Abwandlung:
Vor dem Braten 250 g Kartoffelwürfel oder zerkleinerten Kohl hinzufügen.

Rindfleisch-Curry (Kerie Daging)

750 g geschnetzeltes Rindfleisch, 1 gehackte Zwiebel,
3 gehackte Knoblauchzehen, 2 EL Öl, Salz,
2 EL Curry, 2 KL Koriander, 2 KL Kümmel,
2 Tassen gewürfelte, grüne Bohnen, 1 Tasse Glasnudeln,
2 Tassen kleingeschnittener Kohl, 3 Tassen Kokosmilch.

Zwiebel und Knoblauch in Öl bräunen. Das Fleisch dazugeben, ebenso Gewürze, Bohnen, Glasnudeln, Kohl und Kokosmilch. Bei geringer Hitze 20 Minuten unter ständigem Rühren dünsten.

Rindfleisch im Stück gebraten (Daging Panggang)

1 kg Rindfleisch, 2 KL Kurkuma, 3 KL roter Pfeffer,
Salz, 1/2 Tasse zerlassene Butter, 1/2 Tasse Wasser.

Das Fleisch waschen und abtrocknen. Kurkuma, roten Pfeffer, Salz, Butter und Wasser mischen und damit das Fleisch einreiben. Dieses in den auf 350° erhitzten Backofen in die Mitte des Bratrostes legen und ca. 1 1/2 Stunden braten. Dabei wenden, bis das Fleisch auf beiden Seiten gut gebräunt ist. In Scheiben schneiden und mit Erdnußbuttersoße (siehe Soßenkapitel) auf einer Platte servieren.

Rindsspießchen nach Padang-Art (Sate Padang)

250 g Rinderlende oder Roastbeef,
250 g Rindsinnereien (Milz, Lunge, Magen), 250 g Rindsleber,
250 g Rindsherz, 1 gehackte Zwiebel, 3 gehackte Knoblauchzehen,
2 EL roter Pfeffer, Salz, Pfeffer,
1/2 Tasse Tamarinden- oder Zitronensaft, 1 EL Kurkuma,
1/2 KL Laos, 3 Tassen Wasser, 1/2 Tasse Reismehl.

Fleisch, Innereien und Herz würfeln. In einer Pfanne mit 1 Tasse Wasser und den übrigen Zutaten außer dem Reismehl mischen. Bei geringer Hitze 40 Minuten dünsten. Abtropfen lassen und die Soße aufbewahren. Die Mischung auf Holzstäbchen gleichmäßig verteilen und bei geringer Hitze 10 Minuten grillen. Dabei 2 bis 3mal wenden. Reismehl im restlichen Wasser anrühren und die Soße damit binden. Mit Salz und Pfeffer abschmecken. Die Spießchen auf einer Platte mit Soße übergossen servieren.

Rindfleisch mit Sojabohnen (Daging Masak Taotjo)

2 EL Öl, 1 gehackte Zwiebel, 750 g geschnetzeltes Rindfleisch,
3 EL fermentierte Sojabohnenpaste, Salz, 3 Tassen Kokosmilch,
3 zerdrückte grüne Pfefferkörner, 2 Stengel gehackter Sellerie.

Öl erhitzen und die Zwiebel darin bräunen. Fleisch, Sojabohnenpaste, Salz und Kokosmilch hinzufügen und bei geringer Hitze 20 Minuten dünsten, bis das Fleisch gar ist. 2 Minuten vor dem Auftragen den grünen Pfeffer und den Sellerie dazugeben.

Rindfleisch mit geraspelter Kokosnuß (Dendeng Ragi)

750 g gewürfeltes Rindfleisch, 1 Tasse Wasser, 1 1/2 Tassen Kokosnußraspeln, 1 Lorbeerblatt, 1 KL Garnelenpaste, Salz, 2 Tassen Öl.

Fleisch in das kochende Wasser legen. Alle Zutaten außer dem Öl hinzufügen. Bei geringer Hitze 20 Minuten dünsten, bis die Flüssigkeit verdampft ist. Öl erhitzen, das Fleisch darin hellbraun braten und abtropfen lassen. Mit Reis und scharfer Soße servieren.

Gedämpftes Rindfleisch mit Gewürzen (Empal Pedas)

750 g Rindfleisch, 1 Tasse Wasser, 1 KL Sambal, 1 KL Kümmel, 2 KL Koriander, 3 gehackte Knoblauchzehen, 1/2 KL Turmeric, Salz, 1 EL Zucker, 1/2 Tasse Tamarinden- oder Zitronensaft, 1/2 Tasse Kokosmilch, 2 Tassen Öl.

Das Fleisch 15 Minuten in Wasser dämpfen, dann herausnehmen und in Scheiben schneiden. Gewürze, Tamarindensaft und Kokosmilch mischen und zum Fleischwasser geben. Das Fleisch hinzufügen und 15 Minuten dünsten, bis alle Flüssigkeit aufgesogen ist. Dann Öl erhitzen und das Fleisch darin schwimmend hellbraun braten. Auf Saugpapier abtropfen lassen. Mit gewürztem Reis servieren.

◄ Geschmortes Rindfleisch mit Ingwer (Daging Masak Djahe)

750 g geschnetzeltes Rindfleisch, 1 gehackte Zwiebel, 3 gehackte Knoblauchzehen, 2 EL Öl, 3 EL kleingeschnittener frischer Ingwer, 3 EL Sojasoße, Salz, Sambal, 1 Tasse Wasser, 3 Stengel kleingeschnittener Bleichsellerie.

Zwiebel und Knoblauch in Öl bräunen, Ingwer hinzufügen und 1 Minute rühren. Rindfleisch dazugeben, dann Sojasoße, Salz, Sambal und Wasser. Bei geringer Hitze 20 Minuten dünsten, bis das Fleisch weich ist. 1 Minute vor dem Auftragen Sellerie hinzufügen. Mit Reis oder Nudeln servieren.

Knuspriges Rindfleisch (Dendeng Belado)

750 g Rindfleisch, 1/2 Tasse Tamarinden- oder Zitronensaft, Salz, Pfeffer, 1 EL Ingwer, 1 EL Kümmel, 1 EL Koriander, 2 Tassen Öl, 1 EL Sambal, 1 gehackte Zwiebel, 2 EL Essig.

Fleisch in möglichst dünne Scheiben schneiden und in einer Mischung aus Tamarindensaft, Salz, Pfeffer, Ingwer, Kümmel und Koriander 1 Stunde marinieren. Bei großer Hitze ohne Fett braten, bis es trocken ist. In Würfel schneiden und in Öl knusprig braten. Das Öl bis auf 1 Eßlöffel aus der Pfanne nehmen. Sambal und Zwiebel hinzufügen und 5 Minuten rühren, dann Essig dazugeben und noch 3 Minuten rühren. Das Fleisch untermischen und auftragen.

Rindfleisch mit Kokosnußbutter (Rendang Pandang)

750 g Rindfleisch, 1 1/2 Tassen Kokosmilch,
2 EL Kokosbutter, 2 KL Sambal, 1 KL Turmeric,
8 Minzenblätter, Salz, 1 gehackte Zwiebel,
2 gehackte Knoblauchzehen,
1/2 Tasse Tamarinden- oder Zitronensaft, 1 Tasse Öl.

Fleisch waschen, abtrocknen und in Würfel schneiden. Mit allen anderen Zutaten außer dem Öl in eine Pfanne geben. Bei geringer Hitze 25 Minuten dünsten, bis alle Flüssigkeit aufgesogen ist. Öl hinzufügen und unter ständigem Rühren braten, bis das Gemisch hellbraun ist. Dazu paßt gelber, klebriger Reis.

Abwandlung:
Statt Öl noch 2 Tassen Kokosmilch und statt Rindfleisch in Würfel geschnittene Rindsleber verwenden. So lange rühren, bis die Kokosnußsoße eingedickt ist.

Rindfleisch in brauner Soße (Hache, Aseh)

750 g Rindfleisch, 1 große gehackte Zwiebel,
1/2 Tasse flüssige Butter, Salz, Pfeffer, 1 EL Sojasoße,
1 EL Essig, 2 Tassen Wasser, 5 Gewürznelken, 1 EL Mehl.

Fleisch waschen, abtrocknen und in Würfel schneiden. Zwiebel in Butter bräunen. Fleisch und alle Zutaten außer dem Mehl beigeben.

Bei geringer Hitze 30 Minuten dünsten, bis das Fleisch zart ist. 3 Minuten vor dem Auftragen mit Mehl binden. Dazu gelben, klebrigen Reis servieren.

Rindfleisch mit roten Pfefferschoten (Dendeng Lombok) ▲

1 kg geschnetzeltes Rindfleisch,
1/2 Tasse Tamarinden- oder Zitronensaft, Salz, Pfeffer,
1 Tasse Öl, 2 gehackte Zwiebeln,
1 Tasse zerkleinerte Bambussprossen,
1 Tasse in Stückchen geschnittene rote Pfefferschoten,
1 Tasse Erbsen, 1 KL Krabbenpaste, 2 EL Essig.

Fleisch in einer Mischung aus Salz und Pfeffer wenden. Bei geringer Hitze 20 Minuten in Tamarindensaft dünsten, bis das Fleisch gerade gar ist. Öl hinzufügen, das Fleisch hellbraun braten und herausnehmen. Zwiebeln, Pfefferschoten, Bambussprossen, Erbsen und in Essig gelöste Krabbenpaste in die Pfanne geben und 2 Minuten rühren. Dann Rindfleisch wieder dazugeben, 1 Minute rühren und auftragen.

Rindsspießchen mit Gewürzen (Sate Bumbu Kuning)

1 kg Rinderlende oder Roastbeef, 1 gehackte Zwiebel, 3 gehackte Knoblauchzehen, 2 EL Koriander, 2 EL Kümmel, 2 EL Kurkuma, 1 Tasse geraspelte Kokosnuß, 1 Tasse Kokosmilch, 2 KL Ingwerpulver, 4 EL Zitronensaft, 5 EL brauner Zucker, Salz, Pfeffer.

Fleisch in Würfel schneiden und mit allen übrigen Zutaten etwa 8 Minuten dünsten. Auf Holzspieße je 5 bis 6 Fleischstücke stecken. Bei mäßiger Hitze etwa 8 Minuten grillen, bis das Fleisch gar ist. 2 bis 3mal wenden. Mit der Soße servieren. Dazu Erdnußbutter reichen.

Rindfleisch in Buttersoße (Gulai Lapis)

750 g Rindfleisch, 1 KL Zimt, Salz, Pfeffer, 1/2 Tasse Paniermehl, 1/2 Tasse flüssige Butter, 1 große gehackte Zwiebel, 2 Tassen Wasser, 2 EL Sojasoße.

Fleisch waschen, abtrocknen und in Scheiben schneiden. In einer Mischung aus Zimt, Salz und Pfeffer wenden. Jede Fleischscheibe mit Paniermehl bedecken und in Butter hellbraun braten. Zwiebeln hinzufügen und 2 Minuten rühren. Mit Wasser und Sojasoße aufgießen und 20 bis 30 Minuten ziehen lassen, bis das Fleisch gar ist. Mit gewürztem Reis servieren.

Rindfleisch mit Glasnudeln (Niu-Jou Fen-Sse)

750 g Rindfleisch, 100 g Glasnudeln, 1 Zwiebel, 2 Scheiben in Honig eingelegter Ingwer, Salz, Öl; Marinade: 2 EL Stärkemehl, 2 EL Wasser, 3 EL Sherry, 3 EL Sojasoße, Zucker.

Das Fleisch in schmale Streifen schneiden. Die Zutaten für die Marinade vermischen und das Fleisch darin 15 Minuten ziehen lassen. Die Glasnudeln mehrmals brechen und in reichlich Salzwasser 6 Minuten kochen. Mit kaltem Wasser abschrecken und gut abtropfen lassen. In heißem Öl braten, mit Salz abschmecken und zur Seite stellen. Zwiebel und Ingwer klein würfeln und in etwas Öl anbraten. Das Fleisch dazugeben und unter ständigem Rühren gar braten. Die Glasnudeln hinzufügen und kurz mit erhitzen. Sofort servieren.

Geschmortes Rindfleisch mit Leber (Pindang Daging Hati)

750 g Rindfleisch, 500 g Rindsleber, 1 gehackte Zwiebel, 5 gehackte Knoblauchzehen, 1 EL Tamarinden- oder Zitronensaft, 2 EL Sojasoße, 1 KL Sambal, 1 KL Turmeric, Salz, Pfeffer, 3 Tassen Wasser.

Fleisch und Leber waschen, abtrocknen und in Würfel schneiden. In eine Pfanne geben und alle anderen Zutaten hinzufügen. Bei geringer Hitze 40 Minuten dünsten, bis Fleisch und Leber weich sind. Mit Reis oder gebratenen Nudeln servieren.

Kutteln mit roten Pfefferschoten (Babat Masak Goreng Asam)

750 g Rinderkutteln, 1 EL Öl, 1 große gehackte Zwiebel, 1 Tasse kleingeschnittene rote Pfefferschoten, 1 KL Paprika, Salz, 5 Minzenblätter, 1 KL Krabbenpaste, 2 Tassen Tamarinden- oder Zitronensaft.

Kutteln in Scheiben schneiden. Zwiebel in Öl bräunen, Innereien und alle anderen Zutaten außer den Pfefferschoten beigeben. Bei geringer Hitze 30 Minuten dünsten, dann die Pfefferschoten hinzufügen. Noch 30 Minuten dünsten, bis die Innereien weich sind. Mit Reis oder Nudeln servieren.

Abwandlung:
Statt der Innereien nur in Scheiben geschnittenes Rindsherz oder Rindsleber verwenden. Nur 30 Minuten garen.

Innereien mit Kokosmilch (Babat Masak Kelapa)

750 g Rindsinnereien, 1 EL roter Pfeffer, 1/2 KL Kurkuma, 1 KL Paprika, Salz, 5 Minzenblätter, 2 Tassen Kokosmilch.

Die Innereien in kleine Würfel schneiden und in eine Pfanne geben. Roten Pfeffer, Kurkuma, Paprika, Salz und Minzenblätter hinzufügen. Mit Wasser bedecken und bei geringer Hitze 1 Stunde kochen, bis die Innereien weich sind. Kokosmilch dazugießen und weitere 5 Minuten kochen. Mit gelbem, klebrigem Reis servieren.

Leber mit Bambussprossen (Dung-Sün Tschau Dschu-Gan)

750 g Rindsleber, 3 Zwiebeln, 1 Dose Bambussprossen, 1 Tasse Pilze, 1 EL Sherry, 2 EL Sojasoße, Pfeffer, Salz, Zucker, 4 EL Öl, 1 KL Stärkemehl, 2 EL Wasser.

Die Leber in Würfel, Zwiebel, Bambussprossen und Pilze in Scheiben oder Streifen schneiden. Leberwürfel mit Sherry, Sojasoße und etwas Pfeffer vermischen. Zwiebeln, Bambussprossen und Pilze in heißem Öl kurz anbraten, dann die Leber hinzugeben. 3 Minuten unter ständigem Rühren braten. Stärkemehl in Wasser lösen und hinzufügen. Mit Salz und Zucker abschmecken. So lange rühren, bis die Soße sämig ist. Sofort servieren.

Abwandlung:
Man kann dieses Gericht statt mit Leber auch mit Rind-, Kalb- oder Schweinefleisch zubereiten. Man läßt dann Zwiebeln und Bambussprossen weg und verwendet statt dessen 3 Stangen in Ringe geschnittenen Lauch. Mit Salz und frisch gemahlenem Pfeffer abschmecken.

▼

Kalbshirn in Kokosmilch (Gulai Otak)

750 g Kalbshirn, 2 EL Öl, 1 gehackte Zwiebel, 1 EL roter Pfeffer, 1 KL Turmeric, 2 Tassen Kokosmilch, Salz, 6 Minzenblätter.

Das Hirn 10 Minuten in Salzwasser einweichen, dann in kochendes Wasser legen. Nach 5 Minuten abtropfen lassen, häuten und in Würfel schneiden. Zwiebel in Öl bräunen. Roten Pfeffer, Turmeric, Kokosmilch, Salz, Minze und das Hirn hinzufügen und 20 Minuten dünsten.

Gebratene Rindsleber (Hati Goreng)

750 g Rindsleber, 1 Tasse Wasser, Salz, Pfeffer, 1 KL Kümmel, 1 EL Koriander, 1/2 Tasse Tamarinden- oder Zitronensaft, 2 Tassen Öl.

Leber mehrmals waschen, abtrocknen und würfeln. In eine Pfanne geben und Wasser, Salz, Pfeffer, Kümmel und Koriander hinzufügen. Bei geringer Hitze 30 Minuten dünsten, bis die Leber gar ist. Tamarindensaft beifügen und weitere 15 Minuten bei großer Hitze dünsten, bis der Saft aufgesogen ist. In heißem Öl goldbraun braten.

Das Huhn ist das beliebteste Geflügel in Südostasien und wird sehr häufig und in den verschiedensten Variationen zubereitet. Jüngere Tiere werden meist im Ganzen gebraten, bei etwas älteren löst man das Fleisch von den Knochen und schneidet es in Streifen oder Stücke. Suppenhühner sollte man wirklich nur zu Suppe kochen.
Fast ebenso beliebt wie das Huhn ist die Ente. Bekommt man kein Huhn in der passenden Größe, kann man für die folgenden Rezepte auch eine Ente verwenden. Ihr Fleisch schmeckt etwas kräftiger, ist jedoch nicht ganz so zart wie Hühnerfleisch.
Auch Geflügel wird häufig vorgekocht und anschließend gar gebraten. Süß-scharfe Soßen und Chutneys schmecken besonders gut dazu.

Huhn mit Fleischfüllung (Ajam Liong Kee)

*1 Brathuhn (1500–1750 g), 4 chinesische Pilze,
250 g Schweinefleisch, 1 kleine gehackte Zwiebel,
1 gehackte Knoblauchzehe, 250 g gehackter Schinken,
1/2 Tasse geröstete Zwiebelstücke, 2 Eier,
2 EL gehackter Bleichsellerie, 1 EL Sojasoße,
Salz, Pfeffer, 1 EL Stärkemehl, Sojasoße, Sherry.*

Die Pilze 2 Stunden in Wasser einweichen, dann in Scheiben schneiden. Huhn innen und außen waschen und abtropfen lassen. Das Schweinefleisch mit allen anderen Zutaten vermischen und das Huhn mit der Farce füllen. Die Öffnungen zunähen. In eine Pfanne legen und mit kochendem Wasser bedecken. Bei geringer Hitze 1 1/2 Stunde kochen, dabei 1 bis 2mal wenden. Zuletzt die Brühe mit Stärkemehl binden und mit Sojasoße und Sherry abschmecken. Das Huhn mit Soße übergossen servieren.

◄ Huhn mit Kartoffelfüllung (Ajam Godok)

*1 Brathuhn (1500 bis 1750 g), 2 kleine Kartoffeln,
1/2 Tasse flüssige Butter, 1 große gehackte Zwiebel,
3 gehackte Knoblauchzehen,
1 Tasse kleingeschnittenes Hühnerklein (Herz, Leber, Magen),
1 EL Sojasoße, 1 KL Zimt, Salz, Pfeffer,
3 Tassen Wasser, 1 EL Stärkemehl, Curry, Sojasoße.*

Huhn innen und außen waschen und abtropfen lassen. Kartoffeln schälen und in Stäbchen schneiden. Zwiebel und Knoblauch in der Hälfte der Butter bräunen. Hühnerklein, Sojasoße, Zimt, Salz, Pfeffer und Kartoffeln hinzufügen. 10 Minuten dünsten. Das Huhn mit dieser Mischung füllen und die Öffnung zunähen. Im Rest der Butter bräunen, dabei mehrmals wenden. Wasser hinzufügen und bei geringer Hitze ca. 1 Stunde garen, bis das Huhn zart ist. Die Bratensoße mit Stärkemehl binden und mit Curry und Sojasoße abschmecken.

Gegrilltes Huhn mit Kokosmilch (Ajam Panggang Santan)

1 Brathuhn (1500–1750 g), 3 Tassen Kokosmilch,
1 EL roter Pfeffer, 1 gehackte Zwiebel, Salz,
2 KL Turmeric, 7 Minzenblätter.

Das Huhn waschen, abtropfen lassen und halbieren. Mit allen anderen Zutaten in eine Pfanne geben und bei geringer Hitze 20 Minuten dünsten, bis eine dicke Soße entstanden ist. Huhn herausnehmen und die Soße warm halten. Huhn bei mittlerer Hitze 30 Minuten auf dem Rost grillen. Mit der Soße auftragen.

Hühner-Curry (Ajam Kerie)

1 Brathuhn (1500–1750 g), 1 gehackte Zwiebel,
3 gehackte Knoblauchzehen, 2 EL Öl, 2 EL Currypulver,
1 EL Koriander, 1 EL Kümmel, Salz, 3 Tassen Kokosmilch.

Huhn waschen, abtropfen lassen und in Stücke schneiden. Zwiebel und Knoblauch in Öl bräunen. Das Hühnerfleisch und die restlichen Zutaten beigeben. Bei geringer Hitze 40 Minuten dünsten, bis das Fleisch zart ist. Mit gelbem, klebrigem Reis servieren.

Huhn mit Pilzen und Mandeln (Ajam Masak Djamur Dan Amandel)

2 ausgelöste Hühnerbrüste, 1 gehackte Zwiebel,
5 gehackte Knoblauchzehen, 2 EL Öl,
1 Tasse grob gehackte Mandeln,
1 Tasse in Scheiben geschnittene Pilze, 3 EL Sojasoße,
1 Tasse Brühe, 1 EL Mehl.

Hühnerbrüste in kleine Scheiben schneiden. Zwiebel und Knoblauch in Öl bräunen. Das Hühnerfleisch und die restlichen Zutaten außer dem Mehl beigeben und bei geringer Hitze 20 Minuten dünsten. Mehl in etwas Wasser anrühren und hinzufügen. Weitere 5 Minuten dünsten.

▼

Huhn mit Vogelnestern gefüllt (Ajam Isi Sarang Burung)

1 Brathuhn (1500–1750 g), 1 1/2 Tassen Vogelnester,
1 Tasse gehackter Schinken, 1/2 Tasse gehackter Bleichsellerie,
5 Scheiben frische Ingwerwurzel oder Ingwerpulver,
Salz, Pfeffer, 1 EL Stärkemehl.

Das Huhn innen und außen waschen und abtropfen lassen. Die Vogelnester 3 Stunden in Wasser einweichen, dann abtropfen lassen. Mit Schinken, Sellerie und Pfeffer mischen. Das Huhn mit dieser Farce füllen und zunähen. Mit kochendem Wasser bedecken, Ingwer und Salz hinzufügen und bei geringer Hitze 1 Stunde kochen, bis das Fleisch zart ist. Die Brühe mit Stärkemehl binden und mit Ingwerpulver abschmecken.

Gebratenes Huhn mit roten Pfefferschoten (Ajam Belado)

1 Brathuhn (1500–1750 g), Salz, 2 Tassen Öl,
3 geviertelte Zwiebeln, 1 Tasse halbierte rote Pfefferschoten,
3 EL Zitronensaft.

Das Huhn in Stücke teilen, mit Salz einreiben und 10 Minuten stehen lassen. In einer Pfanne mit kochendem Wasser bedecken. Bei geringer Hitze 10 Minuten kochen, herausnehmen und abtropfen lassen. In Öl hellbraun braten. Das Öl bis auf 2 Eßlöffel aus der Pfanne gießen. Rote Pfefferschoten und Zwiebeln in die Pfanne geben und 2 Minuten rühren. Dann Zitronensaft hinzufügen und 2 Minuten rühren. Die Hühnerstücke hineinlegen und noch 5 Minuten ziehen lassen.

Gebratenes Huhn mit Gewürzen (Ajam Goreng Djawa)

1 Brathuhn (1500–1750 g), 1 gehackte Zwiebel,
1 KL roter Pfeffer, 3 KL Koriander, 1 KL Kümmel, Salz,
2 KL Kurkuma, 3 EL Tamarindensaft,
3 EL brauner Zucker, 2 Tassen Kokosmilch, 3 Tassen Öl.

Huhn waschen, abtropfen lassen und zerlegen. Mit allen Zutaten außer dem Öl in eine Pfanne geben und bei geringer Hitze 20 Minuten dünsten, bis alle Flüssigkeit aufgesogen ist. In Öl schwimmend goldbraun braten und auf Saugpapier abtropfen lassen.

Gebratenes Huhn mit Soja-Butter-Soße (Ajam Panggang Ketjap)

1 Brathuhn (1500–1750 g), 3 EL Sojasoße,
Salz, Pfeffer, 1 Tasse Wasser, 2 EL Zitronensaft,
1 EL roter Pfeffer, 1 Tasse Butter.

Huhn waschen, abtropfen lassen und halbieren. Mit Sojasoße, Salz, Pfeffer und Wasser in eine Pfanne geben. Bei geringer Hitze 10 Minuten dünsten. Herausnehmen und bei mäßiger Hitze 30 Minuten in der Hälfte der Butter braten. Zitronensaft, den Rest der Butter und den roten Pfeffer zur Brühe geben. Das Huhn mit dieser Soße begießen.

Gedünstetes Huhn, javanische Art (Ajam Semoor Djawa)

1 Brathuhn (1500–1750 g), 3 EL Tamarinden- oder Zitronensaft,
Salz, 1 Tasse Öl, 1 gehackte Zwiebel, 2 gehackte Knoblauchzehen,
1 KL roter Pfeffer, 2 EL brauner Zucker, 2 EL Essig,
7 ganze Pfefferkörner, 3 Tassen Wasser.

Huhn waschen, abtropfen lassen und in Stücke schneiden. Mit Tamarindensaft und Salz einreiben. In Öl bräunen, dann aus der Pfanne nehmen. Im verbleibenden Öl Zwiebel und Knoblauch bräunen. Die restlichen Zutaten und die Hühnerteile beifügen. Bei geringer Hitze 30 Minuten dünsten, bis das Fleisch zart ist.

Gedünstetes Huhn nach Minahassa-Art (Ajam Panike)

1 Brathuhn (1500–1750 g), 1 Tasse Öl,
1 gehackte Zwiebel, 4 gehackte Knoblauchzehen,
3 KL Sambal, 2 EL Krabbenpaste,
1 EL Tamarinden- oder Zitronensaft, 2 EL Zucker,
1 Tasse gehackte Nüsse, 3 Tassen Kokosmilch, 2 KL Ingwer, Salz.

Huhn waschen, abtropfen lassen und in Stücke schneiden. In Öl bräunen, dann aus der Pfanne nehmen. Öl bis auf 1 Eßlöffel abgießen. Zwiebel und Knoblauch im verbleibenden Öl bräunen. Hühnerfleisch und restliche Zutaten beifügen. Bei geringer Hitze 40 Minuten dünsten, bis das Fleisch zart ist.

Huhn mit Pilzfüllung (Ajam Isi Djamur)

1 Brathuhn (1500–1750 g), 1 gehackte Zwiebel, 3 gehackte Knoblauchzehen, 500 g frische, in Scheiben geschnittene Pilze, 1/2 Tasse flüssige Butter, 1 EL Curry, Salz, Pfeffer, 1 EL Stärkemehl, Reiswein.

Das Huhn innen und außen waschen und abtropfen lassen. Zwiebel und Knoblauch in Butter bräunen, Pilze, Salz, Curry und Pfeffer hinzugeben. 5 Minuten dünsten. Das Huhn mit dieser Mischung füllen, die Öffnung zunähen. In kochendes Wasser legen und bei geringer Hitze 40 Minuten kochen, bis das Huhn zart ist. Die Brühe mit Stärkemehl binden und mit Curry und Reiswein abschmecken. Das Huhn mit Soße übergossen servieren.

Huhn mit Schinken und Ei gefüllt (Ajam Isi Ham Dan Telur)

1 Brathuhn (1500–1750 g), 250 g gehacktes Schweinefleisch, 1 KL Zimt, Salz, Pfeffer, 1 kleine gehackte Zwiebel, 2 gehackte Knoblauchzehen, 3 hartgekochte Eier, 2 Essiggurken, 125 g in Streifen geschnittener Schinken.

Das Huhn innen und außen waschen und abtropfen lassen. Das Schweinefleisch mit Zimt, Salz, Pfeffer, Zwiebel und Knoblauch mischen. Die Eier schälen und halbieren. Die Essiggurken in Scheiben schneiden. Das Huhn folgendermaßen füllen: Zunächst kommt eine Schicht Schweinefleisch, dann eine Schicht Ei, dann Schinken, zuletzt die Gurken. Die Öffnung zunähen, das Huhn in die Pfanne legen und bei großer Hitze ca. 1 Stunde braten.

▼

Zu diesem lecker gefüllten Huhn passen besonders gut süß-saure Chutneys und Relishes (siehe Kapitel »Chutneys, Relishes und Sambal-Mischungen«)

Huhn in süß-saurer Soße (Bong Tjha Kee)

2 ausgelöste Hühnerbrüste, 1 geschlagenes Ei, 2 EL Stärkemehl, 1 Tasse Öl, 1 gehackte Zwiebel, 2 kleingeschnittene Tomaten, 1 Tasse kleingeschnittene Karotten, 3 EL Zucker, Salz, Pfeffer, 3 EL Essig, 1 Tasse Wasser, 1 Tasse in Streifen geschnittener Chinakohl, 1 Tasse Erbsen, Sojasoße.

Hühnerbrüste in 1 cm dicke Scheibchen schneiden, salzen, pfeffern, in Ei tauchen und in Stärkemehl wenden. In Öl bräunen, herausnehmen und abtropfen lassen. Öl bis auf 1 Eßlöffel aus der Pfanne gießen. Zwiebel im verbliebenen Öl bräunen, dann Karotten, Tomaten, Zucker, Salz, Pfeffer, Essig und Wasser beigeben. Bei geringer Hitze 10 Minuten dünsten. Huhn, Chinakohl und Erbsen beigeben und nochmals 2 Minuten dünsten. Die Soße mit Zucker, Essig und Sojasoße süß-sauer abschmecken.

▼

Hühnerinnereien mit Gemüse (Kee Pak Lay Tjha)

Je 1 Tasse in Scheiben geschnittene Hühnermägen und Hühnerlebern, 1 EL Stärkemehl, 1 Tasse Öl, 5 Stengel in Streifen geschnittener Lauch, 1 Tasse Bambussprossen, 1 Tasse in Scheiben geschnittene Karotten, 3 EL Zucker, Salz, Pfeffer, 2 Tassen Hühnerbrühe, 1 Tasse in Streifen geschnittener Chinakohl, 1 Tasse Erbsen.

Mägen und Lebern in Mehl wenden und in Öl bräunen. Das Öl bis auf einen Eßlöffel aus der Pfanne nehmen. Lauch im verbliebenen Öl rösten, Bambussprossen, Karotten, Zucker, Salz, Pfeffer, Mägen, Lebern und Brühe hinzufügen. Bei geringer Hitze 30 Minuten dünsten, dann Kohl und Erbsen zugeben. Noch 2 Minuten kochen lassen.

Huhn mit Ananas (Ajam Masak Nanas) ►

2 ausgelöste Hühnerbrüste, 1 EL Stärkemehl, Salz, Pfeffer, 2 EL Öl, 1 KL Ingwerpulver, 1/2 KL milder Curry, 2 Tassen Ananasstücke (frisch oder Dose), 2 EL Sojasoße, 1 Tasse Wasser, 1 KL Ananassaft.

Das Hühnerfleisch in kleine Scheiben schneiden und in einer Mischung aus Stärkemehl, Salz und Pfeffer wenden. In heißem Öl in ca. 5 Minuten beinahe gar braten. Ingwer, Curry und Ananas hinzufügen und 5 Minuten ziehen lassen. Sojasoße und Wasser zugießen. 1 Kaffeelöffel Stärkemehl im Ananassaft lösen und hinzugeben. Noch 5 Minuten dünsten.

Hühnerspießchen nach Surabaja-Art (Sate Ajam Surabaja)

6 ausgelöste Hühnerbrüste, 4 EL Sojasoße, 3 gehackte Knoblauchzehen, Salz, Pfeffer.

Hühnerfleisch würfeln und in einem Gemisch aus Sojasoße, Knoblauch, Salz und Pfeffer 1 Stunde marinieren. Je 5 bis 6 Fleischstücke auf Holzspieße stecken und 10 Minuten grillen, dabei 2 bis 3mal wenden. Mit der Marinade servieren, dazu gewürzte Erdnußpaste (Bumbu Gado-Gado) reichen.

Hühnerinnerei »Sambal Goreng« (Sambal Goreng Hati Ajam)

1 Tasse gehackte Hühnermägen, 1 Tasse Hühnerherzen, 1 Tasse gehackte Hühnerlebern, 6 hartgekochte, geschälte Eier, 1 EL Öl, 1 gehackte Zwiebel, 2 gehackte Knoblauchzehen, 1 KL Krabbenpaste, 1 EL Sambal, 1 1/2 Tassen Kokosmilch, 1 EL Zucker, 2 Blätter Salam (Lorbeer), Salz, 2 EL Tamarindensaft.

Die Innereien waschen und abtropfen lassen. Die Eier kreuzweise ritzen. Zwiebel, Knoblauch, Sambal und Krabbenpaste 2 Minuten in Öl rösten. Kokosmilch, Zucker, Lorbeerblätter und Salz beigeben. Bei geringer Hitze 5 Minuten dünsten. Die Innereien dazugeben und weitere 30 Minuten garen. Eier und Tamarindensaft 5 Minuten vor dem Auftragen dazugeben.

Süß-saure Hühnerinnereien (Hati Ajam Asem Manis)

750 g Hühnerleber, -magen und -herz, 1 Salatgurke, 2 Karotten, 2 Stengel Bleichsellerie, 1 EL Salz, 3 EL Essig, 3 EL Zucker, 2 EL Öl, 3 Scheiben frische Ingwerwurzel oder Ingwerpulver, 3 gehackte Knoblauchzehen, 1 Tasse Wasser, 1 EL Stärkemehl, 2 EL Sojasoße.

Die Gurke der Länge nach teilen, entkernen und in Scheiben schneiden, ebenso die Karotten und den Sellerie. Mit Salz vermischen und 10 Minuten ziehen lassen. Den Saft weggießen, Essig und Zucker mit dem Gemüse vermischen. 20 Minuten marinieren, dann abtropfen lassen. Ingwer und Knoblauch in Öl bräunen, die gesäuberten Innereien beigeben. Kurz anbraten, dann mit Wasser aufgießen. Bei geringer Hitze 20 Minuten dünsten. Stärkemehl in Wasser anrühren und mit dem Gemüse und der Sojasoße hinzufügen. Noch 5 Minuten kochen lassen.

Huhn mit Kastanien (Ajam Tjuka Goreng)

1 Brathuhn (1500–1750 g), 350 g Kastanien,
2 EL Sherry, 3 EL Sojasoße, 2 EL Zucker, Salz, Pfeffer,
1 Tasse Öl, 3 Scheiben frische Ingwerwurzel oder Ingwerpulver,
5 Stengel gehackte Schalotten, 2 Tassen Hühnerbrühe.

Kastanien in Wasser 20 Minuten kochen, dann schälen. Huhn waschen, abtropfen lassen und in Stücke teilen. Mit Sherry, Sojasoße, Zucker, Salz und Pfeffer einreiben. In Öl hellbraun braten. Ingwer, Schalotten und Brühe hinzufügen. Bei geringer Hitze 5 Minuten dünsten, dann Kastanien zugeben. Noch 30 Minuten garen.

Marinierte Ente (Bebek Tjuka Bumbu)

1 Ente (1500–2000 g), 2 EL Öl, 5 Knoblauchzehen,
1 große gehackte Zwiebel, 1 Tasse Wasser, 2 Tassen Essig,
2 EL Zucker, 3 Scheiben frische Ingwerwurzel oder Ingwerpulver,
1 EL Kurkuma, 2 Lorbeerblätter, Salz, Pfeffer.

Ente waschen, abtropfen lassen und in Stücke teilen. Knoblauch und Zwiebel 1 Minute in Öl braten. Wasser, Essig, Entenfleisch und die restlichen Zutaten beifügen. Bei geringer Hitze 40 Minuten ziehen lassen, bis das Fleisch zart ist. Die Soße durch ein Sieb geben. Heiß oder kalt servieren.

Geschmorte Ente mit grünem Pfeffer (Bebek Masak Lada Muda)

1 Ente (1500–2000 g), 1 EL Öl,
1 gehackte Zwiebel, 1 gehackte Knoblauchzehe, 2 EL Nüsse,
5 EL grüne Pfefferkörner, 1 EL Ingwerpulver,
Salz, Pfeffer, 1 1/2 Tassen Kokosmilch.

Ente waschen, binden und bei großer Hitze 40 Minuten im Grill oder auf dem Rost braten. Herausnehmen, abkühlen lassen und in Stücke teilen. Zwiebel und Knoblauch in Öl bräunen. Nüsse, grünen Pfeffer, Ingwer, Salz, Pfeffer und Kokosmilch beifügen. Ente hinzugeben und 20 Minuten dünsten.

Pekingente (Pe King Jia)

1 Ente (1500–1700 g), 3 EL Honig, 1/2 Tasse warmes Wasser,
2 EL Essig, Öl, 1 EL Zucker, 1 KL Sambal, 4 EL Sojasoße.

Die ausgenommene Ente in kochendes Salzwasser tauchen, dann abtrocknen. Überschüssiges Fett entfernen. Haut vom Hals lösen, ein fingerdickes Röhrchen oder ähnliches zwischen Fleisch und Haut stecken und die Haut rund um das Röhrchen fest an das Fleisch drükken. Jetzt in das Röhrchen blasen und die Entenhaut kräftig massieren, so daß sie sich vom Fleisch löst, ohne zu zerreißen. Diese Behandlung ist notwendig, damit die Haut schön knusprig wird. Honig, Wasser und Essig mischen und die Ente damit einreiben. Dasselbe nach 1 Stunde wiederholen. Die Ente über Nacht an einem luftigen Platz aufhängen. Im vorgeheizten Backofen auf dem Rost 15 Minuten bei starker Hitze grillen. Dann die Hitze auf 170 Grad reduzieren, die Ente wenden und noch 1 Stunde garen. Die Hitze nochmals auf 200 Grad erhöhen und die Ente noch 15 bis 20 Minuten grillen. Dabei mit etwas Öl einpinseln, damit die Haut sehr knusprig wird. Dann die Ente herausnehmen, in Stücke teilen und anrichten. Zucker, Sambal und Sojasoße mischen und kurz erhitzen. Rühren, bis der Zucker aufgelöst ist. In Schälchen zur Ente servieren. Dazu reicht man in Butter gedünstete Ananas und verschiedene Gemüse.

Ente mit Ananas (Buo Lo Jia)

750 g Entenfleisch ohne Haut und Knochen, 1/4 l Reiswein,
1 Tasse Wasser, 3 EL Sojasoße, 3 EL Ananassaft,
1 EL Stärkemehl, Salz, Pfeffer,
2 Tassen kleingeschnittene Ananas.

Entenfleisch in mundgerechte Stücke teilen. Mit Reiswein und Wasser zugedeckt 20 Minuten kochen. Die übrigen Zutaten beifügen und noch 5 Minuten ziehen lassen.

Trunkene Ente (Dsui Ya)

1 Ente (1500 – 2000 g), Salz,
1 in Scheiben geschnittene Ingwerwurzel, 1 Zwiebel,
2 Tassen Sherry, 1 KL Stärkemehl.

Die ausgenommene und gesäuberte Ente mit Salz einreiben. Mit dem Ingwer, der geschälten, ganzen Zwiebel und dem Sherry in einen Topf geben. Ca. 2 Stunden bei geringer Hitze garen. Dann die Ente herausnehmen und in Portionsstücke teilen. Die Soße durchsieben, nochmals zum Kochen bringen und mit Stärkemehl binden. Über die Ente verteilen und mit Reis servieren.

Uralte Rezepte aus Südostasien besagen, daß Eier sehr hart gekocht und dann in stark gesalzenem Lehmbrei eingelegt wurden. Erst nach einem Jahr pflegte man die Eier zu essen. In diesem Buch soll auf solch abenteuerliche Zubereitungsarten nicht eingegangen werden. Es gibt in der südostasiatischen Küche genug köstliche Rezepte für Eierspeisen, die noch dazu den Vorteil haben, innerhalb kürzester Zeit zubereitet werden zu können.

Gedünstete Eier (Telur Kukus)

8 Eier, 3 EL gehackter Bleichsellerie,
3 EL gehackter Schinken, 3 EL gehackte Zwiebel,
1 KL gehackter Knoblauch, Salz, Pfeffer, 2 EL Sherry.

Eier schlagen und mit allen Zutaten gut mischen. In feuerfestes Geschirr geben und im Backofen bei geringer Hitze 1 Stunde dünsten.

▼

◄Gebratene Eier in Kokosmilch (Besengek Telur)

6 hartgekochte Eier, 1 EL Öl, 1/2 gehackte Zwiebel, 1 KL Kurkuma, 1 KL Krabbenpaste, 1 EL Zitronensaft, 1 EL Zucker, 1 KL Kümmel, 1 EL Koriander, 2 Tassen Kokosmilch.

Eier schälen und kreuzweise ritzen. Zwiebel in Öl braten. Alle Zutaten und die Eier dazugeben. Bei geringer Hitze 20 Minuten dünsten. Eier halbieren, mit der Soße übergießen und auftragen.

Geschmorte Eier (Semoor Telur)

6 hartgekochte Eier, 1/2 Tasse Öl, 1/2 gehackte Zwiebel, 2 EL Sojasoße, 4 Gewürznelken, 1 Tasse Wasser, 1 KL Zimt.

Eier schälen und in Öl goldbraun braten. Herausnehmen und das Öl bis auf 1 Eßlöffel entfernen. Zwiebel im verbliebenen Öl 2 Minuten braten. Sojasoße und restliche Zutaten beigeben. Eier kreuzweise ritzen und dazulegen. Bei geringer Hitze 30 Minuten zugedeckt schmoren.

Eier nach balinesischer Art (Telur Masak Bali)

6 hartgekochte Eier, 1/2 Tasse Öl, 1/2 gehackte Zwiebel, 1 gehackte Knoblauchzehe, 1 KL Krabbenpaste, 1 KL gehackte frische Ingwerwurzel oder Ingwerpulver, 1 EL Sojasoße, 1 Tasse Wasser, 1 EL Zucker, 1 EL Tamarinden- oder Zitronensaft, Salz.

Eier schälen und in Öl goldbraun braten. Herausnehmen, das Öl bis auf 1 Eßlöffel abgießen. Im verbliebenen Öl Zwiebel und Knoblauch 2 Minuten braten, Eier und restliche Zutaten beifügen. Bei geringer Hitze 20 Minuten dünsten. Eier halbieren und mit Soße übergossen auftragen.

Abwandlung:
Statt Zwiebel und Ingwerwurzel 1 Stange kleingeschnittenen Lauch verwenden.

Marinierte Eier (Atjar Telur)

6 hartgekochte Eier, 1/2 Tasse Essig, 3 Scheiben frische Ingwerwurzel oder Ingwerpulver, 1 KL Kurkuma, 1 kleine gehackte Zwiebel, 1 EL Zucker, 1 KL roter Pfeffer, 1 Tasse kochendes Wasser.

Die Eier schälen und kreuzweise ritzen. Mit den übrigen Zutaten in das kochende Wasser legen und bei geringer Hitze 10 Minuten ziehen lassen. Heiß oder kalt servieren.

Gesalzene Enteneier (Telur Asin)

12 Enteneier, 2 EL Whisky, 1 Tasse Salz.

Eier in einem Glas mit kaltem Wasser bedecken, Whisky und Salz hinzufügen. 4 Wochen stehen lassen, dann herausnehmen und 20 Minuten kochen. Heiß oder kalt servieren.

Omeletts mit Kokosmilch (Telur Dadar Bumbu)

*8 Eier, 1 KL roter Pfeffer, 1 KL Krabbenpaste,
Salz, Pfeffer, 1 gehackte Zwiebel,
3 gehackte Knoblauchzehen, 1 gehackter Schalottenstengel,
3 EL Kokosmilch, 1/2 Tasse Öl.*

Eier schlagen und mit allen Zutaten außer dem Öl mischen. In der Pfanne das Öl erhitzen. Die Eimasse hineingießen und beidseitig goldbraun braten.

Große Eierplatte

*6 hartgekochte Eier, La Choy-Soße, Sojasoße,
1 kl. Dose Abalonen, 4 eingelegte Paprikaschoten oder Tomaten,
1 KL Paprika, 1 KL Chilipulver, Tamarinden- oder Zitronensaft,
1 Zitrone, 1 Zwiebel, Austernsoße,
1 EL gehackte Kräuter (Dill, Kresse, Petersilie), 2 EL Krabbenfleisch,
1 EL Mayonnaise.*

2 hartgekochte Eier halbieren. Das Eigelb vorsichtig herausheben und in die Höhlung etwas Sojasoße träufeln. Das Eigelb wieder hineinsetzen, mit La-Choy-Soße garnieren und mit Paprika überpudern. Abalonen kleinschneiden und mit Tamarinden- oder Zitronensaft sowie mit Sojasoße würzen. 30 Minuten ziehen lassen. Mit Zwiebelringen und Zitronenscheiben garnieren.
2 Eier halbieren und das Eigelb vorsichtig herausnehmen. Die Höhlung halb mit Austernsoße füllen, dann das Eigelb wieder hineinsetzen. Mit Kräutern und Paprika verzieren.
Die eingelegten Paprikaschoten oder die ausgehöhlten Tomaten mit Sojasoße beträufeln. Die restlichen Eier quer halbieren und je eine Hälfte in die Paprikaschoten oder Tomaten stellen. Krabben und Mayonnaise verrühren und auf den Eiern anordnen. Mit Paprika überpudern.

Eier nach javanischer Art (Sambal Goreng Telur)

*6 hartgekochte Eier, 1 EL Öl,
1 gehackte Zwiebel, 2 gehackte Knoblauchzehen,
1 KL Krabbenpaste, 1/2 Tasse Tamarinden- oder Zitronensaft,
Salz, 1 EL roter Pfeffer, 1 Tasse Kokosmilch,
1 EL brauner Zucker, 1 Lorbeerblatt.*

Eier schälen und kreuzweise ritzen. Zwiebel und Knoblauch 2 Minuten in Öl braten. Krabbenpaste, Tamarindensaft, Salz, roten Pfeffer, Kokosmilch, Zucker, Lorbeerblatt und Eier dazugeben. Bei geringer Hitze 20 Minuten dünsten.

Eier in Tee (Cha-Yeh-Tan) ▲

*6 Eier, 1 EL Salz, 2 EL Sojasoße, 1 ganzes Stück Sternanis,
2 KL schwarze Teeblättchen.*

Die Eier in 20 Minuten hart kochen. Aus dem Wasser nehmen und rundherum vorsichtig klopfen, bis die Schale viele feine Risse hat. In einen Topf legen und mit 2 Tassen kaltem Wasser begießen. Sojasoße, Sternanis und Teeblättchen hinzufügen. Zum Kochen bringen, dann Temperatur zurückschalten und zugedeckt 2 bis 3 Stunden kochen lassen. Verkochtes Wasser nachfüllen, so daß die Eier immer bedeckt sind. Anschließend noch 8 Stunden in der Flüssigkeit liegen lassen. Vor dem Servieren werden die Eier geschält. Sie haben jetzt ein zartes, dunkles Linienmuster. Zu Fleisch oder kalten Platten reichen.

Gemüse

In Südostasien liebt man Gemüse, das noch knackig frisch, auf keinen Fall verkocht ist. Zu diesem Zweck wird das kleingeschnittene Gemüse zunächst kurz in Öl angebraten, bevor mit Flüssigkeit aufgegossen wird. Beliebt sind vor allem Mischgemüse. Dabei ist zu beachten, daß feste Gemüsesorten vor zarten in die Pfanne gegeben werden müssen. Besonders harte Gemüse können vor der Verwendung kurz mit kochendem Wasser übergossen, also blanchiert werden. Ausgekühltes Gemüse mit einer passenden Soße übergossen eignet sich sehr gut als Salat.

Kohlgericht mit Schweinefleisch (Ora arik)

1 Kopf Weißkohl, 500 g nicht zu fettes Schweinefleisch, 2 Eier, 2 Zwiebeln, 2 Knoblauchzehen. Öl, Pfeffer, Salz.

Den Kohl putzen und in feine Streifen schneiden. In leicht gesalzenem Wasser halb weich kochen. Zwiebeln und Knoblauchzehen fein hakken und in Öl anbraten. Das klein gewürfelte Schweinefleisch hinzufügen und kurz mitbraten. Den abgetropften Kohl untermischen, evtl. etwas Kochwasser angießen. Mit Salz und Pfeffer würzen und gar dünsten. Die Eier verquirlen, über das fertige Kohlgericht gießen, unterrühren und stocken lassen. Sofort servieren.

Gedämpfter Weißkohl (Tumis Kol)

4 Tassen streifig geschnittener Weißkohl, 2 EL Öl, 1 gehackte Zwiebel, 2 EL Krabbenpaste, Salz, 1/2 Tasse Wasser.

Zwiebel und Krabbenpaste mit etwas Salz in Öl braten und 2 Minuten rühren. Dann Kohl beifügen und kurz weiterrühren. Wasser zugeben, die Pfanne zudecken und den Kohl 8 Minuten ziehen lassen.

Gedämpftes Senfgemüse (Tumis Sawi Hidjau)

750 g Senfgemüse, 3 EL Öl, 1 gehackte Zwiebel, 3 gehackte Knoblauchzehen, Salz, Pfeffer, 1 Ei.

Senfgemüse waschen, abtropfen lassen und kleinschneiden. Zwiebel und Knoblauch 2 Minuten in Öl braten. Senfgemüse, Salz und Pfeffer beifügen und 10 Minuten bei geringer Hitze ziehen lassen. Das Ei hineinschlagen und gut verrühren. Noch 5 Minuten ziehen lassen.

Mischgemüse mit Kokosmilch (Sajur Lodeh)

1 EL Öl, 1 grob gehackte Zwiebel, 2 gehackte Knoblauchzehen, 1 KL Krabbenpaste, 1 Tasse grüne Pfefferkörner, 1 Tasse grüne Bohnen, 1 Tasse gewürfelte Auberginen, 1 Tasse streifig geschnittener Kohl, Salz, 1/2 Tasse Wasser, 6 hartgekochte Eier, 2 Lorbeerblätter, 3 Tassen Kokosmilch.

Zwiebel, Knoblauch und Krabbenpaste 2 Minuten in Öl rösten. Gemüse, Salz und Wasser zugeben und bei geringer Hitze 10 Minuten dämpfen. Eier schälen, kreuzweise ritzen und dazulegen. Mit Lorbeerblättern und Kokosmilch nochmals 10 Minuten ziehen lassen.

Mischgemüse mit Hühnerbrühe (Gulai Tjampur-Tjampur)

3 Tassen Hühnerbrühe, 1/2 Tasse Glasnudeln, 1/2 Tasse chinesische Morcheln, 1/2 Tasse getrocknete Bananenblüten, 1 Tasse streifig geschnittener Kohl, 1 Tasse grüne Bohnen, 1 Tasse gewürfelte Salatgurke, 1/2 Tasse geröstete Zwiebelwürfel oder -ringe.

Glasnudeln, Morcheln und Bananenblüten 10 Minuten in Wasser einweichen und abtropfen lassen. In der Brühe alle Zutaten außer der Zwiebel bei geringer Hitze 20 Minuten dämpfen. Mit den Zwiebelwürfeln bestreut servieren.

Mischgemüse, javanische Art (Sajur Ketewel)

3 Tassen Kokosmilch, 3 Tassen streifig geschnittener Kohl,
1 gehackte Zwiebel, 3 gehackte Knoblauchzehen,
3 Lorbeerblätter, 1 EL Koriander, 2 KL Kümmel,
1 EL roter Pfeffer, 3 EL Nüsse, 2 KL Krabbenpaste,
3 kleingeschnittene Bohnenkuchen, 6 hartgekochte Eier.

Kokosmilch mit allen Zutaten außer dem Bohnenkuchen und den Eiern bei geringer Hitze 10 Minuten kochen lassen. Eier schälen und kreuzweise ritzen. Zusammen mit dem Bohnenkuchen hinzufügen und weitere 10 Minuten dämpfen.

Mischgemüse mit Erdnußsoße (Petjel)

3 EL Erdnußbutter, Salz, 1 1/2 Tassen Wasser,
1 KL Krabbenpaste, 1 gehackte Knoblauchzehe,
1 EL brauner Zucker, 1 EL roter Pfeffer, 1 EL Zitronensaft,
1 Tasse streifig geschnittener Kohl,
1 Tasse gewürfelte grüne Bohnen, 500 g kleingezupfter Spinat,
1 Tasse Bohnensprossen.

Aus Erdnußbutter, Salz, Wasser, Krabbenpaste, Knoblauch, Zucker, rotem Pfeffer und Zitronensaft eine Soße rühren und bei geringer Hitze 2 Minuten kochen lassen. Dann den Kohl und die Bohnen mit Wasser bedecken und 20 Minuten dämpfen. Spinat zugeben und weitere 5 Minuten dämpfen. Bohnensprossen zugeben und 1 Minute rühren, dann abtropfen lassen. Das Gemüse auf einer Platte anrichten, mit der abgekühlten Soße übergießen und gleich auftragen.

Gedünstete Pilze (Tumis Djamur) ►

750 g kleingeschnittene Pilze, 3 EL Öl, Salz,
1 gehackte Zwiebel, 2 KL Sojasoße, 2 EL Sherry,
2 KL Zucker, 2 KL Stärkemehl.

Zwiebel mit etwas Salz 2 Minuten in Öl braten. Pilze, Sojasoße, Sherry und Zucker dazugeben. Bei geringer Hitze 5 Minuten dünsten. Die in Wasser angerührte Stärke beifügen und noch 3 Minuten dünsten.

◄ Currygemüse (Sajur Kerie)

1 EL Öl, 1/2 gehackte Zwiebel,
3 gehackte Knoblauchzehen, 1 EL Curry, 1 KL Koriander,
1 KL Kümmel, 1/2 Tasse Wasser, 1 Tasse grüner Pfeffer,
1 Tasse streifig geschnittener Kohl, 1 Tasse grüne Bohnen,
1 Tasse gewürfelte Salatgurke, 100 g Glasnudeln,
2 Blätter Salam (Lorbeer), Salz, 2 Tassen Kokosmilch.

Glasnudeln 20 Minuten in kaltem Wasser einweichen. Zwiebel und Knoblauch 2 Minuten in Öl braten. Die übrigen Zutaten außer der Kokosmilch und dem Salz hinzufügen. Bei geringer Hitze 10 Minuten dämpfen. Kokosmilch und Salz zugeben und weitere 10 Minuten kochen lassen, bis das Gemüse zart ist.

Mischgemüse mit Kokosnuß (Urapan)

1/2 Tasse Wasser, 1 Tasse geraspelte Kokosnuß,
1 gehackte Zwiebel, 3 gehackte Knoblauchzehen,
3 KL roter Pfeffer, 2 KL Krabbenpaste, Salz,
2 EL Zitronensaft, 1 Tasse grüne Bohnen, 500 g Spinat.
1 Tasse Bohnensprossen.

Kokosnuß, Zwiebel, Knoblauch, roten Pfeffer, Krabbenpaste und Salz in Zitronensaft und Wasser bei geringer Hitze 10 Minuten ziehen lassen. Die Bohnen mit Wasser bedecken und 10 Minuten kochen, den Spinat dazugeben und weitere 10 Minuten dämpfen. Dann die Bohnensprossen hinzufügen und kurz mit erhitzen. Abtropfen lassen und zusammen mit der Soße auftragen.

Grüne Bohnen »Sambal Goreng« (Sambal Goreng Buntjies)

2 EL Öl, 1 gehackte Zwiebel,
2 gehackte Knoblauchzehen, 1 EL Sambal,
2 KL Krabbenpaste, 1 1/2 Tassen Kokosmilch, 3 KL Zucker,
3 Lorbeerblätter, Salz,
3 Tassen kleingeschnittene grüne Bohnen, 2 EL Tamarindensaft.

Zwiebel, Knoblauch, Sambal und Krabbenpaste 2 Minuten in Öl rösten. Kokosmilch, Zucker, Lorbeerblätter und Salz hinzufügen und bei geringer Hitze 5 Minuten kochen lassen. Bohnen dazugeben und 20 Minuten dämpfen. 2 Minuten vor dem Auftragen mit Tamarindensaft übergießen.

Abwandlung:
Zusätzlich je 1 Tasse Kohl, Rosenkohl und Quark hinzufügen. Statt grünen Bohnen kann man auch 6 gewürfelte Bohnenkuchen oder gesalzene Sojabohnen verwenden.

Gemüseeintopf, indonesische Art (Sajoer lodeh tjampoer)

100 g grüne Bohnen, 1 kleiner Weißkohl,
1 kleiner Kopf Blumenkohl, 3 Zwiebeln, 400 g Rosenkohl,
3 Karotten, 100 g Kokosflocken, 3/4 l Hühnerbrühe,
2 KL Sambal, 2 Lorbeerblätter, Öl, Salz,
1 Tasse kleingeschnittenes, gekochtes Hühnerfleisch.

Weißkohl, Zwiebeln und Karotten in Streifen bzw. Ringe schneiden. Blumenkohl in Röschen teilen, große Bohnen brechen. Das Gemüse, die Kokosflocken und die Gewürze in Öl andünsten. Mit Hühnerbrühe aufgießen und weich kochen. 5 Minuten vor Ende der Garzeit das Hühnerfleisch hinzugeben. Die Lorbeerblätter entfernen. Mit Salz und Sambal abschmecken.

Zu Beginn eines jeden Essens werden in Südostasien kleine Gerichte serviert, die den Appetit anregen sollen. Sie werden mit besonderer Sorgfalt zubereitet und angerichtet. Teigrollen mit den verschiedensten Füllungen und in Öl gebackene Fladen sind sehr beliebt.
Salate werden ebenfalls als Vorgericht serviert, wobei zu berücksichtigen ist, daß der Südostasiate keine frischen Salate in unserem Sinn kennt. Aus hygienischen und auch geschmacklichen Gründen zieht er es vor, Gemüse erst mit kochendem Wasser zu übergießen, bevor es als Salat angerichtet wird. Lediglich Gemüse, das zu schälen ist, beispielsweise Gurken, werden roh verwendet.
Außerdem werden gleich zu Beginn der Mahlzeit die verschiedensten Knabbereien bereitgestellt, von denen sich der Gast während des ganzen Essens bedienen kann. Nicht fehlen dürfen Nüsse, geröstete Mandeln, Kroepoek (Krabbenbrot), das es in Packungen zu kaufen gibt, sowie pikante, selbst hergestellte Knuspermischungen.

Frühlingsrolle (Dschun Dschiän) ►

Teig:
4 Tassen Mehl, 1 1/2 Tassen warmes Wasser, Salz.
Füllung:
300 g geschnetzeltes Schweinefleisch, 1 EL Mehl, Salz, Pfeffer, 1 Tasse Bohnenkeimlinge, 1 Tasse kleingeschnittene Pilze, 3 Tassen Öl, 1 Tasse kleingeschnittener Chinakohl, 1 Tasse gehackte Bambussprossen, 1 gehackte Zwiebel, 2 EL Sojasoße, 1 EL Reiswein, 1/2 Tasse Fleischbrühe, 2 EL Stärkemehl.

Aus Mehl, warmem Wasser und etwas Salz einen festen Teig kneten und 2 Stunden mit einem feuchten Tuch bedeckt stehen lassen. Mit dem Nudelholz möglichst dünne runde (12 cm Durchmesser) oder quadratische Fladen ausrollen. Das Schweinefleisch mit Mehl bestäuben und mit Salz und Pfeffer würzen. In 3 Eßlöffel heißem Öl zusammen mit den Pilzen anbraten. Gemüse zugeben und 2 Minuten mitdünsten. Sojasoße, Reiswein und Fleischbrühe hinzugießen. Gut mischen und mit Stärkemehl binden. Mit Salz und Pfeffer abschmekken. Diese Füllung auf die vorbereiteten Fladen verteilen und diese länglich zusammenfalten. Die Enden der Rollen mit in etwas Wasser verrührtem Mehl zusammenkleben. Im restlichen Öl goldgelb herausbacken. Auf Saugpapier abtropfen lassen.

Abwandlung:
Man kann die Frühlingsrollen auch beliebig anders füllen; so kann man beispielsweise statt geschnetzeltem Schweinefleisch Hackfleisch verwenden und die Gemüse durch Rosenkohl ersetzen.

Gebratene Wontons (Pangsit Goreng)

Teig:
4 Tassen Mehl, 2 EL Stärkemehl, 2 Eier,
5 EL Wasser, Salz.

Füllung:
300 g gehacktes Schweinefleisch, 2 EL verwiegte Petersilie,
1 EL Sojasoße, 1/2 Tasse getrocknete Krabben,
1 EL gehackte Zwiebel, Salz, Pfeffer, 3 Tassen Öl.

Aus Mehl, Stärkemehl, Eiern, Wasser und Salz einen festen Teig kneten und 1/2 Stunde mit einem feuchten Tuch bedeckt stehen lassen. Dünn ausrollen und in kleine Rechtecke schneiden. Schweinefleisch mit allen übrigen Zutaten außer dem Öl vermischen. Je 1 Kaffeelöffel davon auf die Wonton-Rechtecke geben. Die gegenüberliegenden Kanten der Wontons mit Salzwasser befeuchten, zusammenfalten und festkleben. In Öl schwimmend hellbraun braten. Auf Saugpapier abtropfen lassen.

Gebratene Eierröllchen (Lumpia Goreng)

1 Tasse gesiebtes Mehl, 2 geschlagene Eier,
1 Tasse Wasser, 1 KL Salz, 3 Tassen Öl,
2 kleingeschnittene Bohnenkuchen, 1 gehackte Zwiebel,
1 gehackte Knoblauchzehe,
1/2 Tasse kleingeschnittenes Schweine- oder Hühnerfleisch,
1/2 Tasse gekochte und geschälte Krabben, 2 EL Sojasoße,
Salz, Pfeffer, 1 Tasse Bohnensprossen,
1/2 Tasse streifig geschnittener Kohl, 1/2 Tasse Bambussprossen.

Aus Mehl, Eiern, Wasser und Salz einen Teig rühren. 6 bis 8 dünne Pfannkuchen von etwa 20 cm Durchmesser daraus backen. Bohnenkuchen in einer halben Tasse Öl hellbraun braten. Abtropfen lassen. Öl bis auf 1 Eßlöffel weggießen. Zwiebel und Knoblauch in der Pfanne 2 Minuten rösten. Schweinefleisch, Krabben und die übrigen Zutaten bis auf das restliche Öl beifügen. 15 Minuten kochen, dann abkühlen lassen. Auf jeden Pfannkuchen 2 Eßlöffel dieses Gemischs geben. Länglich zusammenfalten, dabei das Ende jedes Pfannkuchens mit Salzwasser befeuchten und festkleben. Die Eierrollen im restlichen heißen Öl braten, bis sie goldbraun sind. Auf Saugpapier abtropfen lassen.

Kartoffelbällchen mit Krabben (Perkedel Udang)

1 Tasse gekochte, geschälte und gehackte Krabben,
1 kleine gehackte Zwiebel, 2 gehackte Knoblauchzehen,
2 Tassen gekochte, zerdrückte Kartoffeln, 1 EL Stärkemehl,
2 EL gehackter Bleichsellerie, Salz, Pfeffer, 2 Eier, 3 Tassen Öl.

Krabben, Zwiebel, Knoblauch, Kartoffeln, Stärkemehl, Sellerie, Salz, Pfeffer und Eigelb gründlich mischen. Eiweiß steif schlagen. Aus dem Kartoffelgemisch Bällchen formen, in das Eiweiß tauchen und in Öl schwimmend hellbraun braten. Auf Saugpapier abtropfen lassen.

Gefüllte chinesische Pilze (Tung-Ku-Nidng-Jou)

18 getrocknete chinesische Pilze (ca. 3 cm Durchmesser),
1 EL Sojasoße, 1 EL Reiswein oder Sherry, Zucker,
2 KL Stärkemehl, 250 g Schweinehack,
4 geschälte, gehackte Wasserkastanien (frisch oder aus der Dose),
Petersilie, 1 EL Erdnußöl, 2 EL Austernsoße.

Die Pilze 30 Minuten in warmem Wasser einweichen. Dann abtropfen lassen und 1/4 Tasse des Wassers aufbewahren. Die zähen Stiele entfernen. Sojasoße, Reiswein, etwas Zucker und Stärkemehl in einer Schüssel gut verrühren. Das Hackfleisch und die Wasserkastanien dazugeben und verkneten. Die Unterseite der Pilze mit etwas Stärkemehl bestreuen und die Pilze mit der Hackfleischmasse füllen. Glattstreichen und mit Petersilienblättchen belegen. Öl in der Pfanne erhitzen und die Pilze mit der Öffnung nach oben hineinsetzen. Kurz anbraten, dann das Pilzwasser dazugießen. Bei geringer Hitze zugedeckt 15 Minuten ziehen lassen. Die Austernsoße unterrühren und jeden Pilz mit etwas Soße begießen. Nochmals kurz zudecken, dann auf einer vorgewärmten Platte servieren.

Bohnenkuchen mit Krabben (Perkedel Tahu)

4 gehackte Bohnenkuchen,
1 Tasse gekochte, geschälte und gehackte Krabben,
1 EL gehackte Zwiebel, 1 EL gehackter Knoblauch,
Salz, Pfeffer, 1 EL gehackter Bleichsellerie, 1 EL Mehl,
2 geschlagene Eier, 3 Tassen Öl.

Alle Zutaten außer dem Öl mischen und Löffel für Löffel in Öl goldbraun braten. Auf Saugpapier abtropfen lassen.

Pikante Kokosnußplätzchen (Rempah)

*2 Tassen geraspelte Kokosnuß, 1 EL gehackte Zwiebel,
1 EL gehackter Knoblauch, 2 geschlagene Eier,
2 EL Mehl, 1/2 Tasse Kokosmilch, 1 EL Koriander,
1 KL Kümmel, Salz, Pfeffer, 3 Tassen Öl.*

Alle Zutaten außer dem Öl mischen und Löffel für Löffel in Öl goldbraun braten. Auf Saugpapier abtropfen lassen.

Gebratene Krabben mit Gemüse (Hepia)

*3 gehackte Bohnenkuchen, 3 Tassen Öl, 1 gehackte Zwiebel,
1/2 Tasse kleingeschnittenes Schweine- oder Hühnerfleisch,
1 EL Sojasoße, Salz, Pfeffer, 1 1/2 Tassen Mehl,
1/2 Tasse Bohnenkeime,
1/2 Tasse in Scheiben geschnittener chinesischer Lauch,
12 große geschälte Krabben.*

Die Bohnenkuchen in 2 Eßlöffel Öl hellbraun braten und abtropfen lassen. Zwiebel in 1 Eßlöffel Öl 1 Minute braten, dann Schweinefleisch, Bohnenkuchen, Sojasoße, Salz und Pfeffer beigeben. 5 Minuten dünsten, dann abkühlen lassen. Mehl hinzufügen und gut umrühren. Bohnenkeime und Lauch untermischen. In je 2 Eßlöffel dieses Gemischs 1 Krabbe drücken und Klößchen formen. Im restlichen heißen Öl schwimmend hellbraun braten. Auf Saugpapier abtropfen lassen. Mit einer scharfen Soße oder mit Erdnußsoße auftragen.

Bohnensprossensalat mit Nüssen (Gado-Gado Penganten) ▶

*2 EL Öl, 3 EL Erdnüsse, 2 KL Krabbenpaste,
1 gehackte Zwiebel, 1 1/2 Tassen Kokosmilch,
Salz, 3 EL Zucker, 2 EL Zitronensaft,
5 Tassen Bohnensprossen,
1 Tasse geröstete Zwiebelwürfel oder -ringe.*

Nüsse, Krabbenpaste und Zwiebel 3 Minuten in Öl rösten. Kokosmilch, Salz, Zucker und Zitronensaft dazugeben. 3 Minuten umrühren und abkühlen lassen. Frische Bohnensprossen mit kochendem Wasser überbrühen und abtropfen lassen. Das Kokosmilchgemisch über die Bohnensprossen gießen. Mit gerösteter Zwiebel bestreut auftragen.

▲

Bunter Bohnensprossensalat (Ja-Chai Salat)

5 Tassen Sojabohnenkeimlinge, 1 Tasse streifig geschnittene Paprika- oder Pfefferschoten (rot und grün), 1 KL Erdnußöl, Salz, Pfeffer, 1 KL Zucker, 2 EL Essig, 2 EL Sojasoße.

Öl, Essig, Sojasoße und die Gewürze verrühren. Die Keimlinge und die Paprika- oder Pfefferschoten mit der Marinade vermischen und 1 Stunde ziehen lassen.

Gurkensalat mit Krabben (Zing Gua Sia Dschi Sa Lü)

1 geschälte und gewürfelte Salatgurke, 200 g geschälte Krabben, 3 EL Sojasoße, 3 EL weißer Essig, 1 EL Koriander, 1 EL Zucker, Salz, Pfeffer.

Die Gurkenwürfel zusammen mit den Krabben in eine Schüssel geben. Die übrigen Zutaten mischen und über den Salat verteilen.

Kokosraspeln mit getrockneten Krabben (Bubuk Buras)

1 EL Öl, 2 EL Nüsse, 1 EL roter Pfeffer, 1 kleine gehackte Zwiebel, 1 KL Krabbenpaste, 2 EL brauner Zucker, 1 Tasse geraspelte Kokosnuß, 1/2 Tasse getrocknete Krabben.

Nüsse, roten Pfeffer, Zwiebel und Krabbenpaste 2 Minuten in Öl rösten. Zucker, Kokosraspeln und Krabben zugeben. Bei geringer Hitze unter gelegentlichem Rühren 20 Minuten hellbraun rösten. Dieses Gemisch kann in einem Glas gut verschlossen aufbewahrt werden.

Pfeffrige Kartoffel-Chips (Sambal Goreng Kripik Kentang)

3 Tassen kleine Kartoffel-Chips (Dose oder Beutel), 2 EL Öl, 2 KL Krabbenpaste, 3 KL Sambal, 2 EL Tamarindensaft, 3 EL Zucker, 1 Tasse geröstete Zwiebelwürfel.

Krabbenpaste und Sambal 5 Minuten in Öl rösten. Zucker und Tamarindensaft zugeben und 8 Minuten rühren, bis das Gemisch ganz trocken ist. Kartoffel-Chips und Zwiebelwürfel untermischen. Die Chips können in einem Glas dicht verschlossen aufbewahrt werden.

Getrocknete Pfefferkrabben (Sambal Goreng Ebbie)

2 EL Öl, 1 EL Sambal, 1 EL Krabbenpaste, 1 Tasse getrocknete Krabben, 1 Tasse geröstete Zwiebelwürfel.

Sambal und Krabbenpaste 5 bis 8 Minuten in Öl rösten, bis das Gemisch hellbraun ist. Getrocknete Krabben zugeben und 10 Minuten rühren, bis die Krabben knusprig sind. Zwiebelwürfel untermengen. Die Mischung kann in einem Glas dicht verschlossen aufbewahrt werden.

Abwandlung:
Statt getrocknete Krabben Sojabohnen verwenden.

Kokosraspeln mit Erdnüssen (Serundeng) ►

1 EL Öl, 1 kleine gehackte Zwiebel,
4 gehackte Knoblauchzehen, 1 KL Krabbenpaste,
1 EL Koriander, 1 KL Kümmel, Salz, 4 EL brauner Zucker,
1 EL Tamarinden- oder Zitronensaft, 1 Tasse geraspelte Kokosnuß,
2 Tassen geraspelte Erdnüsse.

Zwiebel, Knoblauch und Krabbenpaste 2 Minuten in Öl rösten. Koriander, Kümmel, Salz, Zucker, Tamarindensaft und Kokosraspeln zugeben. Bei geringer Hitze und gelegentlichem Rühren etwa 20 Minuten rösten, bis das Gemisch hellbraun ist. Erdnüsse dazugeben. Das Gemisch in einem gut verschlossenen Glas aufbewahren.

Erdnußfladen (Rempejek Katjang Tanah Kasreng)

1 Tasse Mehl oder Reismehl, 1 EL Koriander,
1 KL Kümmel, Salz, Pfeffer, 1 geschlagenes Ei, 1 EL gehackte Zwiebel,
1 EL gehackter Knoblauch, 3/4 Tasse Kokosmilch,
1 KL Backpulver, 1/2 Tasse Erdnüsse, 3 Tassen Öl.

Alle Zutaten außer dem Öl zu einem dünnen Teig verrühren. Wenn notwendig, ein wenig Wasser zugeben. In Öl große dünne Fladen goldbraun herausbacken, dabei mehrmals wenden. Auf Saugpapier abtropfen lassen.

Abwandlung:
Statt Erdnüssen Sojabohnen, Krabben oder gehackten Fisch verwenden.

Chinakohlsalat mit Kokosraspeln (Bai Zai Sa Lü)

2 Stauden fein geschnittener Chinakohl,
1 Tasse geraspelte Kokosnuß, 1 Tasse gewürfelte Ananas,
1 gehackte Zwiebel, 2 gehackte Knoblauchzehen,
1 EL weißer Essig, 3 EL Zitronensaft, 2 KL Zucker,
Salz, Pfeffer.

Chinakohl in einer Schüssel mit kochendem Wasser übergießen. 3 Minuten stehen lassen, dann das Wasser abgießen. Die übrigen Zutaten mit dem Kohl vermischen. Vor dem Auftragen 10 Minuten stehen lassen.

Kalte Platte

Für festliche Gelegenheiten eignet sich eine Kalte Platte mit chinesischen Spezialitäten, die in ähnlicher Form in Delikatessengeschäften oder Fleischereien zu bekommen sind. Erfreulich für Auge und Gaumen sind geräucherter Schinken, gedünstete Hühnerbrust, Rindfleisch mit Sternanis (während der Schlußphase des Kochens wird der Brühe Soja und ein Teelöffel Sternanis zugefügt), gekochter Schinken, Sülze von Hammelfleisch (mageres Hammel-Stückenfleisch in gut gewürztem Wasser unter Zusatz von Sherry garen, das erkaltete Fleisch in Würfel schneiden und 3 Tassen Fleisch mit einem Päckchen in 1/4 l heißer Brühe gelöstem Aspikpulver vermengen, im Kühlschrank erstarren lassen).
Mittelpunkt der Platte können Spargel mit Köpfen in salziger Chinatunke, in Essig und Sesamöl marinierte Radieschen und Muscheln en nature mit süß-saurem Chili gewürzt bilden. Dazu diverse Soßen und Knabbereien reichen.

Chutneys, Relishes und Sambal-Mischungen

Zu Fleisch, Geflügel, Fisch, Meeresfrüchten und Eiern serviert man in Südostasien pikante, meist süß-scharfe Mischungen aus Früchten (Chutneys) oder Gemüse (Relishes). Sie werden in kleinen Schälchen zum Dippen bereitgestellt. Besonders scharf sind Sambal-Mischungen, deren Hauptbestandteil roter Pfeffer ist. Sie werden gern zum individuellen Nachwürzen verwendet. Sowohl Chutneys und Relishes wie auch Sambal-Mischungen können in Gläsern gut verschlossen über längere Zeit aufbewahrt werden.

Rettich-Relish (Atjar Lobak)

3 Tassen gewürfelter Rettich, Salz,
1/2 Tasse Essig, 3 EL Zucker, 1/4 Tasse Wasser, 1 EL Sambal.

Rettich salzen und 20 Minuten ziehen lassen. Den Saft abtropfen lassen. Essig, Zucker, Wasser und den Rettichsaft 3 Minuten kochen, dann abkühlen lassen. Den Rettich dazugeben und das Relish einige Stunden ziehen lassen.

Abwandlung:
Statt Rettich Salatgurken oder Bambussprossen verwenden.

Ananas-Chutney (Petjili Nanas)

1 in Stückchen geschnittene Ananas, 1 EL Öl,
1 kleine gehackte Zwiebel, 1 KL Sambal, 1 KL Zimt,
3 EL brauner Zucker oder 1/2 Tasse Ananassaft, Salz.

Zwiebel und Sambal 2 Minuten in Öl rösten. Alle übrigen Zutaten hinzufügen und 15 Minuten kochen, bis eine dickflüssige Masse entstanden ist. Auskühlen lassen.

Abwandlung:
Statt Ananas Pfirsiche oder Pflaumen verwenden.

Fisch-Sambal (Sambal Lingkung)

250 g Fischfilet, 1 Tasse Kokosmilch,
1/2 Tasse roter Pfeffer, 1 EL Krabbenpaste,
1 gehackte Zwiebel, 5 gehackte Knoblauchzehen,
1/2 Tasse gehackte Nüsse, 1 EL Zucker.

Fisch 30 Minuten in Wasser dünsten, durch den Wolf drehen und mit den übrigen Zutaten mischen. In einer Pfanne unter ständigem Rühren braten, bis alles hellbraun und trocken ist.

Original Sambal (Sambal)

2 fein gehackte Zwiebeln, 2 EL Öl,
1 Tasse Fleischbrühe, 1/2 Tasse Weinessig,
1/2 Tasse Tomatenketchup, 2 EL brauner Zucker,
2 EL Sojasoße, 2 EL roter Pfeffer.

Zwiebel in Öl 2 Minuten dünsten, dann alle Zutaten beigeben. Unter ständigem Rühren aufkochen lassen, bis eine dickflüssige Paste entstanden ist. Abkühlen lassen.

Mango-Chutney (Petjili Mangga)

500 g gewürfelte Mangofrüchte,
2 Tassen zerstoßener brauner Zucker, 1/2 Tasse Essig,
1 EL gehackte frische Ingwerwurzel,
3 gehackte Knoblauchzehen, Salz, 1 EL Sambal,
1 EL zerdrückte grüne Pfefferkörner.

Alle Zutaten vermischen und bei kleiner Hitze 15 bis 20 Minuten kochen, bis eine dickflüssige Masse entstanden ist. Auskühlen lassen.

Krabben-Sambal (Sambal Udang)

*2 Tassen getrocknete Krabben, 1 gehackte Zwiebel,
1/2 Tasse roter Pfeffer, 1 Tasse Öl, Salz,
2 EL Zitronensaft.*

Zutaten mischen und unter ständigem Rühren 20 Minuten braten, bis alles braun und trocken ist.

Sojabohnen-Sambal (Sambal Bubuk Kedele)

*1 Tasse geröstete Sojabohnen, 1 gehackte Zwiebel,
1/2 Tasse roter Pfeffer, 2 EL Zitronensaft,
2 gehackte Knoblauchzehen.*

Sämtliche Zutaten gut mischen.

▼

Krabbenpasten-Sambal (Sambal Terasi)

*2 EL Krabbenpaste, 1 kleine gehackte Zwiebel,
1/2 Tasse roter Pfeffer, 2 EL Zitronensaft, Salz.*

Alle Zutaten gut mischen.

Grüner-Pfeffer-Sambal (Sambal Petis Bumbu)

*1 EL Öl, 1 Tasse zerdrückte grüne Pfefferkörner,
1 gehackte Zwiebel, 3 gehackte Knoblauchzehen,
1 EL Zucker, 2 EL Zitronensaft, Salz,
1 EL Krabbenpaste.*

Grünen Pfeffer, Zwiebel und Knoblauch 3 Minuten in Öl rösten. Die restlichen Zutaten beifügen. 5 Minuten bei geringer Hitze rühren.

◂ Mischgemüse-Relish (Atjar Tjampur Mentah)

1 Tasse kleingeschnittene Karotten,
1 Tasse kleingeschnittener Chinakohl, 1 Tasse Bohnensprossen,
1 EL Salz, 2 Tassen Essig, 1 gehackte Zwiebel,
3 EL Zucker, 1 KL Sambal, 5 Knoblauchzehen.

Gemüse und Salz mischen, 20 Minuten stehen und dann abtropfen lassen. Essig, Zwiebel, Knoblauch, Salz und Zucker 5 Minuten kochen. Nach dem Abkühlen das Gemüse und den Sambal zugeben. Über Nacht ziehen lassen.

Abwandlung:
2 Eßlöffel Kurkuma, 1/4 Tasse Nüsse und 1 Eßlöffel Nelkenpulver in 1 Eßlöffel Öl 3 Minuten rösten. Zum Schluß unter das Relish mischen.

Pickles

3 Äpfel, 1 große Gurke ohne Samen, 2 Zwiebeln, 18 grüne Paprikaschoten, 3 Tomaten und 1 KL Cayenne, Salz, Estragon-Essig.

Alles sehr fein hacken, gut durcheinandermischen, mit etwas Salz würzen und die Mischung mit Estragon-Essig auffüllen. Diese Art Pickles sind so für den Gebrauch fertig, sie halten sich im Kühlschrank und sind ausgezeichnet zu kaltem Hühner- und Wildfleisch.

Pfirsich- oder Aprikosen-Chutney, milde Art

500–750 g Früchte schälen und schneiden. Die Früchte mit 3 Eßlöffeln braunem Zucker (Kandis), 1 Südweinglas mildem Essig, 2 Tassen in Arrak (Tresterschnaps) eingeweichte Rosinen und einer Prise Safran weichkochen. Kalt servieren.
Oder außerdem mit 3 Eßlöffeln grünem Pfeffer und 2 Eßlöffeln süßer Chilisoße verkochen, eine ausgezeichnete Beilage zu jeder Art von Fleisch und Fisch.

Zitronen-Pickles

6 Zitronen, 1 EL Salz, 2 EL Chilipulver, 4 gestoßene Knoblauchzehen, 1 EL Senfpulver, 2 EL Zucker, 1/2 KL Ingwerpulver, 1 Tasse Erdnußöl.

Zitronen waschen, mit der Schale in 1/2 cm dicke Scheiben schneiden, in eine Schüssel legen und die gesamten Gewürze überstreuen. Öl erhitzen und warm über die Scheiben gießen. Zudecken und 1 Woche in der Küche ruhen lassen (nicht in den Kühlschrank).

Soßen

Soßen werden in der südostasiatischen Küche nicht über die Speisen verteilt, sondern in Schälchen zum Dippen bereitgestellt. Jeder Happen wird nach Wunsch in eine der zur Auswahl stehenden Soßen getaucht und dann verzehrt. Natürlich müssen diese Soßen besonders würzig sein. Zu Schweinefleisch, Geflügel, Fisch und Ausgebackenem reicht man gern süß-saure Mischungen, zu Rindfleisch und Eiern scharf-pikante. Der Fantasie der Hausfrau sind hier jedoch keine Grenzen gesetzt, es lassen sich immer wieder neue Mischungen erfinden.
Sollte einmal die Zeit für die Vorbereitung knapp sein, kann man natürlich auch vom Angebot an fertigen Soßen Gebrauch machen.

Soja-Butter-Soße (Saos Sate Ketjap)

1/4 Tasse flüssige Butter, 1/2 Tasse Sojasoße,
2 EL Zitronensaft, Salz, Pfeffer, 1 EL Sambal.

Die Butter mit allen Zutaten in der Pfanne mischen und bei geringer Hitze 2 Minuten kochen lassen. Warm auftragen. Diese Soße paßt besonders zu Fleischgerichten.

Süß-saure Soße (Tang Tschu)

1 Tasse Wasser, 1/2 Tasse Tomatenketchup,
4 EL Weinessig, 4 EL Zucker, 4 EL Sojasoße,
2 EL Reiswein, 1 KL Sambal, 2 gehackte Knoblauchzehen,
2 EL Öl, 3 KL Stärkemehl.

Alle Zutaten außer dem Öl und dem Stärkemehl vermischen. Den Knoblauch im Öl kurz anbraten. Das Soßengemisch dazugeben. Aufkochen lassen und mit Stärkemehl binden. Diese Soße paßt besonders zu Ausgebackenem, Schweinefleisch und Fischgerichten.

Currysoße (Tzia Li Tziang)

1/2 Tasse Öl, 5 EL Currypulver,
2 Tassen Fleischbrühe, 2 EL Reiswein, 3 KL Stärkemehl.

Das Öl erhitzen und das Currypulver einrühren. Mit Fleischbrühe aufgießen und mit Reiswein verfeinern. Das Stärkemehl in wenig Wasser anrühren und unterziehen. Kurz aufkochen lassen. Diese Soße paßt besonders gut zu Fleisch- und Geflügelgerichten.

Bohnensoße mit Reiswein (Tzio Do Ban Tziang)

1 Tasse schwarze Bohnen, 2 Tassen Wasser,
4 EL Sojasoße, 4 EL Reiswein, 1 KL Zucker, 1 KL Sambal,
3 KL Stärkemehl.

Die Bohnen waschen und fein zermahlen. Mit Wasser, Sojasoße, Reiswein, Zucker und Sambal anrühren. In einem Topf kurz aufkochen lassen und mit Stärkemehl binden. Diese Soße paßt sowohl zu Fleisch- als auch zu Fischgerichten.

Grüne Pfeffersoße (Hu Tziao Tziang)

1 Tasse Fleischbrühe, 1/2 Tasse Reiswein,
3 EL Sojasoße, 3 EL zerdrückte grüne Pfefferkörner,
3 EL Öl, 2 gehackte Knoblauchzehen, 3 KL Stärkemehl.

Fleischbrühe, Reiswein, Sojasoße und Pfefferkörner mischen. Öl erhitzen und die Knoblauchzehen darin kurz anbraten. Die Pfeffermischung dazugeben. Kurz aufkochen lassen und mit Stärkemehl binden. Diese Soße paßt besonders zu Gegrilltem sowie zu kalt angerichteten Fleischspeisen.

Pflaumensoße (Suan Mei Tziang)

1 Tasse Wasser, 3 EL Zucker, 4 EL Essig,
1 Tasse Pflaumenmus, 4 EL Sojasoße, 1 KL Sambal,
3 KL Stärkemehl.

Den Zucker in kochendem Wasser auflösen. Alle übrigen Zutaten außer dem Stärkemehl beifügen und kurz aufkochen lassen. Mit der Stärke binden. Diese Soße paßt gut zu Geflügel, Fisch und Ausgebackenem.

Abwandlung:
Statt Pflaumenmus zu Mus gekochte Mangofrüchte verwenden; paßt besonders gut zu Geflügel.

Süß-scharfe Soße (Saos Asam-Manis)

2 rote Pfefferschoten, 1 grüne Pfefferschote, 5 EL Essig,
2 EL Öl, 4 EL Zucker, 2 EL Ananassaft, 1 KL Sojasoße,
1 Tasse kleingeschnittene Ananas, 1 EL Stärkemehl, 2 EL Wasser.

Die Pfefferschoten von den Kernen befreien und kleinschneiden. Öl in der Pfanne erhitzen und alle Soßenzutaten außer dem Stärkemehl und dem Wasser hineingeben. 2 Minuten dünsten, dann mit dem in Wasser gelösten Stärkemehl binden. Heiß oder kalt servieren.

Fertigsoßen aus China

Hoisin-Soße, süße bräunlich-rote Soße aus Soja und verschiedenen Gewürzen.
Chili-Soße aus Salz, Essig, Pflaumen, Sesam.
Austernsoße, salzige Soße aus Austern und Gewürzen.
Braune Bohnensoße, dicke Soße aus fermentierten Bohnen, Mehl, Salz.
Sweet Chili Soße Amocan, sehr scharfe rote Soße aus Zucker, Chili und Essig.
La Choy-Soße, sehr angenehme süß/saure Soße aus Fruchtsaft, Essig, Zucker, süßem Pfeffer.
Alle diese Soßen sind zu beinahe jedem ostasiatischen Gericht zu empfehlen.

Erdnußbuttersoße (Saos Sate Katjang)

1 Tasse Fleisch- oder Hühnerbrühe, 3 EL Erdnußbutter,
1 EL Sambal, Salz, 2 EL Zitronensaft.

Alle Zutaten gut miteinander mischen. Diese Soße paßt zu Fleisch- und Fischgerichten.

Fünf-Weiden-Soße

1/4 Tasse geraspelte Karotten,
1/4 Tasse kleingeschnittene Paprika- oder Pfefferschoten,
1/4 Tasse süßsaures Chinagemüse (Dose), 2 EL Öl, 1 EL Sojasoße,
1 Tasse Wasser, 2 EL Essig, 1/4 Tasse Weißwein,
1 Glas Arrak, Salz, Pfeffer, 2 KL Stärkemehl.

Das kleingeschnittene Gemüse mit den übrigen Zutaten außer dem Stärkemehl vermischen und zum Kochen bringen. 6 Minuten ziehen lassen, dann mit angerührtem Stärkemehl binden und mit Salz und Pfeffer abschmecken. Noch 3 Minuten ziehen lassen.

Abwandlung:
Statt Karotten kann man auch Tomaten oder Salatgurke verwenden, anstelle von Sojasoße 2 Eßlöffel Hoisin-Soße. Man kann auch 3 Knoblauchzehen kleingehackt in Öl braten und mit zu der Mischung geben.

Abbildung S. 61 (von links):
Süß-saure Soße (Rezept S. 59)
Soja-Butter-Soße (Rezept S. 59)
Currysoße (Rezept S. 59)

Süßspeisen

Süßspeisen als Dessert findet man in Südostasien selten. Zum Abschluß eines Essens wird meist Tee serviert, oder man greift nochmals zu Nüssen und kleingeschnittenen Früchten, die während des ganzen Essens parat stehen.
Im allgemeinen reicht man kleine Süßspeisen als Appetithäppchen zu allen Tageszeiten. Besonders beliebt sind in Teig gehüllte, ausgebakkene Früchte.

Süße Omeletts (Dadar Gulung)

200 g Kokosraspeln, 1/4 l Wasser, 300 g Zucker,
Salz, 200 g Mehl, 3/4 l Milch, 2 Eier,
Speisefarbe (grün oder rot), 2 EL Öl.

Kokosraspeln mit Wasser, Zucker und einer Prise Salz kochen, bis alle Flüssigkeit aufgesogen ist. Mehl, Milch, Eier und Speisefarbe gut mischen, ebenfalls eine Prise Salz zugeben. In heißem Öl dünne Eierkuchen aus dem Teig backen. In die Mitte eines jeden Eierkuchens etwas Kokosfüllung setzen. Die Omeletts länglich zusammenfalten und servieren.

Litschi-Pudding (Pudding Lychee)

2 Päckchen rote Gelatine, 200 g Zucker,
1/2 l Litschi-Saft (Dose), 1/4 l Wasser,
1 Dose Litschi-Früchte, 1 Päckchen Vanillezucker.

Gelatine nach Päckchenvorschrift quellen lassen. Zusammen mit Zucker, Litschi-Saft, Wasser und Vanillezucker aufkochen lassen. Litschi-Früchte in eine kalt ausgespülte Puddingform legen und die Gelatinemischung darübergießen. Im Kühlschrank fest werden lassen.

Gedämpfte Kuchen (Dschi Dan Gao)

6 Eier, 6 EL Zucker, 6 EL Mehl, 2 EL Rosinen,
2 EL gehackte Mandeln, 2 EL gehackte kandierte Früchte.

Eier und Zucker mit dem Schneebesen schlagen. Mehl, Rosinen und Mandeln untermischen. 6 feuerfeste Förmchen einfetten. Die kandierten Früchte auf die Förmchen verteilen und den Teig darübergießen. Im Wasserbad 20 Minuten dämpfen. Auf Teller stürzen und servieren.

Heiße Orangenschale (Dschi Pi Tang Sui) ▶

4 Tassen Wasser, 1 1/2 Tassen Zucker,
Saft von 3 Orangen, 3 in Scheiben geschnittene Orangen,
3 EL Stärkemehl, Cocktailkirschen.

Wasser mit Zucker aufkochen lassen. Orangensaft und -scheiben dazugeben. Rühren, bis sich der Zucker gelöst hat. Mit in Wasser angerührtem Stärkemehl binden. Auf Schalen verteilen und mit Cocktailkirschen garnieren.

Gebackene Bananen (Pisang Goreng) ▶

4 Bananen, 1 Tasse Mehl, 2/3 Tasse Wasser,
1 KL Backpulver, Salz, Zucker, 3 Tassen Öl.

Bananen schälen und in Scheiben schneiden. Mehl mit den übrigen Zutaten außer dem Öl zu einem dünnen Teig rühren. Bananen hineintauchen und dann in Öl schwimmend goldbraun braten. Auf Saugpapier abtropfen lassen.

Abwandlung:
Statt Bananenscheiben Pfirsich- oder Ananasstücke verwenden.

Mandelmilch

125 g geschälte, gewaschene süße Mandeln werden fein gestoßen (Mixer). Über die gestoßenen Mandeln wird 1 l heißes Wasser gegossen (auf keinen Fall kaltes, da kaltes Wasser das Mandelöl nicht löst). Man läßt die Masse einige Stunden stehen und preßt sie dann durch ein Tuch, süßt sie stark mit Puderzucker. Zum Gebrauch versetzt man die Mandelmilch mit dicker Sahne. Mandelmilch hält sich im Kühlschrank einige Tage.

Gefüllte Melone (Shih-Chin-Kuo-Pin) ◄

1 Wassermelone oder 2 Honigmelonen, 6 EL Reiswein oder Sherry, Zucker, 2 Dosen exotische Früchte (Lychees, Mandarinen), einige kandierte Früchte, kandierte Ingwerstückchen.

Die Melone aushöhlen. Das Fruchtfleisch würfeln oder kugelförmig ausstechen, leicht zuckern und mit Reiswein oder Sherry beträufeln. Mit den exotischen Früchten mischen und in die ausgehöhlte Melone füllen. Mit kandierten Früchten und kandierten Ingwerstückchen garnieren.

Chinesischer Mandeltee (Sing-Jen Tscha)

1 Tasse gemahlene süße Mandeln, 1 Tasse Zucker, 4 EL Stärkemehl, 8 Tassen Wasser, 1 kleine Dose Milch, 1 Tasse gehackte Walnüsse.

Die Mandeln mit Zucker, Stärkemehl und 2 Tassen Wasser in einem Topf verrühren. Das restliche Wasser mit der Dosenmilch vermischen und nach und nach zu der Mandelmischung gießen. Unter ständigem Rühren 5 Minuten kochen. Die Walnüsse hinzufügen und noch 2 Minuten kochen lassen. Heiß anrichten.

Gefüllte Ananas

1 Ananas, Fleisch einer Melone, 1 EL Zucker, 1/4 Glas Sherry, 75 g bunte kandierte Kirschen, 2 Orangen, 2 Bananen.

Die Ananas aushöhlen, das Ananas- und Melonenfleisch würfeln, mit Zucker und Sherry 30 Minuten durchziehen lassen. In die ausgehöhlte Ananas füllen, mit Kirschen, Orangen und Bananenscheiben garnieren.

Ingwerbällchen

100 g Butter, 100 g Staubzucker, 3 Eier, 4 EL klein geschnittener Ingwer, 1 gehäufter KL Ingwerpulver, 1 Prise Salz, 1 abgeriebene Zitronenschale, 1/2 EL Zitronensaft, 250 g Mehl, 1/2 KL Kardamom, 1 gehäufter KL Backpulver; 65 g Kokosraspeln zum Wenden.

Man stellt aus allen Zutaten einen Rührteig her, formt walnußgroße Bällchen, die in Kokosraspeln gewendet werden. Bei mittlerer Hitze goldbraun backen.

Das neue Hundebuch
(0009) Von W. Busack, überarbeitet von Dr. med. vet. A. Hacker, 104 S., zahlreiche Abb. auf Kunstdrucktafeln, kart., DM 5,80

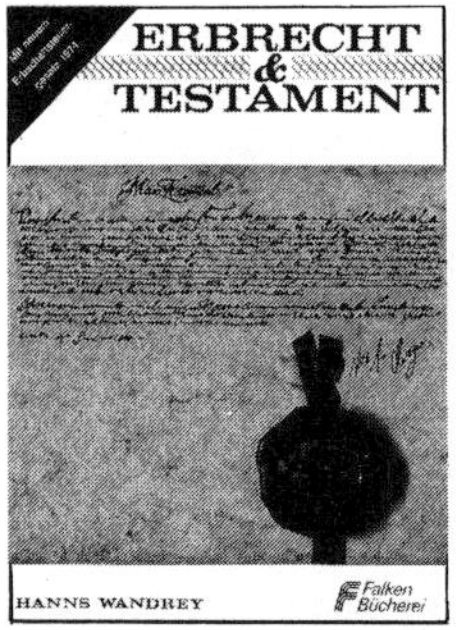

Erbrecht und Testament
mit Erbschaftssteuergesetz 1974
(0046) Von Dr. jur. H. Wandrey, 112 S., kart. DM 6,80

Geschäftliche Briefe des Handwerkers und Kaufmannes
(0041) Von A. Römer, 96 S., kart. DM 5,80

Der neue Briefsteller
(0060) Von I. Wolter-Rosendorf, 112 S., kart., DM 5,80

Fibel für Zuckerkranke
(0110) Von Dr. med. Th. Kantschew, 148 S., Zeichng., Tabellen, kart., DM 6,80

Die erfolgreiche Bewerbung
(0173) Von W. Manekeller, 152 S., kart., DM 8,80

Verse fürs Poesiealbum
(0241) Von Irmgard Wolter, 96 S., 20 Abb., kart., DM 4,80

Heimwerker-Handbuch
Basteln und Bauen mit elektrischen Heimwerkzeugen
(0243) Von Bernd Käsch, 240 S., 229 Fotos und Zeichnungen, kart., DM 9,80

Großes Rätsel-ABC
(0246) Von H. Schiefelbein, 416 S., gbd., DM 16,–

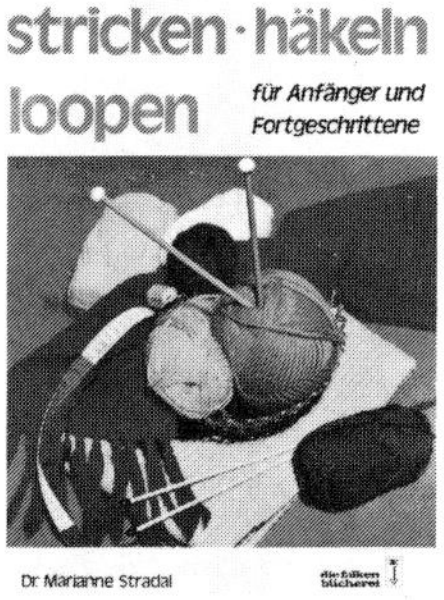

Stricken, häkeln, loopen
(0205) Von Dr. Marianne Stradal, 96 S., 100 Abb., kart., DM 5,80

Karate — ein fernöstlicher Kampfsport Band 1
(0227) Von Albrecht Pflüger, 136 S. mit 195 Fotos und Zeichnungen, kart., DM 9,80

Wie soll es heißen?
(0211) Von Dr. Köhr, 88 S., kart., DM 4,80

Beliebte und neue Kegelspiele
(0271) Von Georg Bocsai, 92 S., 62 Abb., kart., DM 4,80

Vorbereitung auf die Geburt
(0251) Schwangerschaftsgymnastik, Atmung, Rückbildungsgymnastik. Von Sabine Buchholz, 112 S., 98 Fotos, kart., DM 6,80

Flugmodelle
bauen und einfliegen
(0361) Von Werner Thies und Willi Rolf, 160 S., 83 Abbildungen und 7 Faltpläne, kart., DM 9,80

Glückwünsche, Toasts und Festreden zur Hochzeit
(0264) Von Irmgard Wolter, 88 S., kart., DM 4,80

Tauchen
Grundlagen — Training – Praxis
(0267) Von W. Freihen, 144 S., 71 Fotos und Farbtafeln, DM 9,80

Ostfriesenwitze
(0286) Band II: Enno van Rentjeborgh, 80 S., 10 Karikaturen, kart., DM 3,-

Selbst tapezieren und streichen
(0289) Von Dieter Heitmann und Jürgen Geithmann, 96 S., 49 Fotos, kart., DM 5,80

Ikebana Band 1: Moribana — Schalenarrangements
(0300) Von Gabriele Vocke, 164 S., 40 großformatige Vierfarbtafeln, 66 Schwarzweißfotos und Graphiken, gbd., DM 19,80

Kung-Fu II
Theorie und Praxis klassischer und moderner Stile
(0376) Von Manfred Pabst. 160 S., 330 Abb., kart., DM 12,80

Münzen
Ein Brevier für Sammler
(0353) Von Erhard Dehnke, 128 S., 30 Abbildungen – teils farbig –, kart., DM 6,80

Pilze erkennen und benennen
(0380) Von J. Raithelhuber. 136 S., 106 Farbfotos, kart., DM 7,80

Ziervögel in Haus und Voliere
Arten · Verhalten · Pflege
(0377) Von Horst Bielfeld, 144 S., 32 Farbfotos, kart., DM 9,80

Beeren und Waldfrüchte
erkennen und benennen – eßbar oder giftig?
(0401) Von Jörg Raithelhuber, 136 S., 90 Farbfotos, 40 s/w, kart., DM 9,80

Tee für Genießer
(0356) Von Marianne Nicolin, 64 Seiten, 4 Farbtafeln, kart., DM 5,80

Fred Metzlers Witze mit Pfiff
(0368) 120 S., Taschenbuchformat, kart., DM 6,80

Selbst Brotbacken
mit über 50 erprobten Rezepten
(0370) Von Jens Schiermann, 80 S., mit 6 Zeichnungen und 4 Farbtafeln, kart., DM 6,80

Kalorien · Joule
Eiweiß · Fett · Kohlehydrate tabellarisch nach gebräuchlichen Mengen
(0374) Von Marianne Bormio, 88 S., kart., DM 4,80

Flugzeuge
Von den Anfängen bis zum 1. Weltkrieg
(0391) Von Enzo Angelucci, deutsch von E. Schartz, 320 S., mit mehreren hundert Abb., meist vierfarbig, gbd., DM 19,80

Von der Verlobung zur Goldenen Hochzeit
Vorbereitung – Festgestaltung – Glückwünsche
(0393) Von Elisabeth Ruge, 120 S., kart., DM 6,80

Die 12 Sternzeichen
Charakter, Liebe und Schicksal
(0385) Von Georg Haddenbach, 160 S., gbd., DM 9,80

Möbel aufarbeiten, reparieren und pflegen
(0386) Von E. Schnaus-Lorey, 96 S., 104 Fotos und Zeichnungen, kart., DM 6,80

Selbst Wahrsagen mit Karten
Die Zukunft in Liebe, Beruf und Finanzen
(0404) Von Rhea Koch, 112 S., mit vielen Abb., Pbd., DM 9,80

Einkochen
nach allen Regeln der Kunst
(0405) Von Birgit Müller, 96 S., 8 Farbt., kart., DM 7,80

Häschen-Witze
(0410) Gesammelt von Sigrid Utner, 80 S., mit 16 Zeichnungen, vierfarbiger Schutzumschlag, brosch., DM 3,–

Spielend Schach lernen
(2002) Von Theo Schuster, 128 S., kart., DM 6,80

Spiele für Kleinkinder
(2011) Von Dieter Kellermann. 80 S., kart., DM 5,80

Knobeleien und Denksport
(2019) Von Klas Rechberger, 142 S., mit vielen Zeichnungen, kart., DM 7,80

Lirum, larum, Löffelstiel
(5007) Von Ingeborg Becker, 64 S., durchgehend vierfarbige Abbildungen Spiralheftung, DM 7,80

Zimmerpflanzen
(5010) Von Inge Manz, 64 S., 98 Farbabbildungen, Pbd., DM 9,80

Reiten
Vom ersten Schritt zum Reiterglück
(5033) Von Herta F. Kraupa-Tuskany, 64 S., mit vielen Zeichnungen und Farbabb., Pbd., DM 9,80

Die Selbermachers renovieren ihre Wohnung
(5013) Von Wilfried Köhnemann, 148 S., 374 Farbabb., Zeichnungen und Fotos, kart., DM 14,80

Desserts
(5020) Von Margit Gutta, 64 Seiten mit 38 Abbildungen, durchgehend vierfarbig, Pbd., DM 9,80

Bauernmalerei
leicht gemacht
(5039) Von Senta Ramos, 64 S., 78 vierfarbige Abb., Pbd., DM 9,80

Großes Getränkebuch
Wein · Sekt · Bier und Spirituosen aus aller Welt, pur und gemixt
(4039) Von Claus Arius, 288 S., mit Register, 179 teils großformatige Farbfotos, Balacron mit farbigem celloph. Schutzumschlag, Schuber, DM 58,–

Moderne Fotopraxis
Bildgestaltung · Aufnahmepraxis · Kameratechnik · Fotolexikon
(4030) Von Wolfgang Freihen, 304 S., mit 244 Abbildungen, davon 50 vierfarbig, Balacron mit vierfarbigem Schutzumschlag, abwaschbare Polyleinprägung, DM 29,80

Wir spielen
Hundert Spiele für einen und viele
(4034) Von Heinz Görz, 430 S., mit 370 farbigen Zeichnungen, gbd., DM 26,–

Moderne Schmalfilmpraxis
Ausrüstungen · Drehbuch · Aufnahme Schnitt · Vertonung
(4043) Von Uwe Ney, 328 S., mit über 200 Abbildungen, teils vierfarbig, Balacron mit vierfarbigem Schutzumschlag, DM 29,80

Kampfsport Fernost
Kung-Fu · Judo · Karate · Kendo · Aikido
(4108) Von Jim Wilson, dt. von H.-J. Hesse, 88 S., mit 164 farbigen Abb., Pbd., DM 22,–

Balkons in Blütenpracht
zu allen Jahreszeiten
(5047) Von Nikolaus Uhl, 64 S.,
82 vierfarbige Abb., Pbd., DM 9,80

Natursammlers Kochbuch
Wildfrüchte und -gemüse, Pilze und Kräuter — finden und zubereiten
(4040) Von Christa-Maria Kerler,
140 S., 12 Farbtafeln, Pbd., mit vierfarbigem Überzug, DM 19,80

Die hier vorgestellten Bücher sind nur eine Auswahl aus unserem großen Ratgeber- und Sachbuchprogramm.
Erbitten Sie unser kostenloses Gesamtverzeichnis.

Falken-Verlag
Postfach 1120
D-6272 Niedernhausen/Ts.

Moderne Korrespondenz
(4014) Von H. Kirst und W. Manekeller,
570 S., gbd., DM 39,–

Der praktische Hausarzt
(4011) Unter Mitarbeit zahlreicher Fachärzte, koordiniert von
Dr. Eric Weiser
718 Seiten, 487 Abb., und 16 Farbtafeln, nur DM 19,80

Max Inzingers 111 beste Rezepte
(4041) Von Max Inzinger, 124 Seiten,
m. 35 Farbtafeln, kartoniert, DM 19,80
(4042) **gebundene** Luxusausgabe
DM 26,–

Judo — Grundlagen — Methodik
(0305) Von Mahito Ohgo, 204 S. mit
1025 Fotos, kart., DM 14,80

Sportfischen
Fische – Geräte – Technik
(0324) Von Helmut Oppel, 144 S. mit
49 Fotos, Abbildungen und 8 Farbtafeln, kart., DM 8,80

Katzen
Rassen · Aufzucht · Pflege
(4109) Von Grace Pond und Elizabeth Towe, deutsch von D. von Buggenhagen, 144 S., mit über 100 Farbfotos,
Pbd., DM 16,80

Das Aquarium
Einrichtung, Pflege und Fische für Süß- und Meerwasser
(4029) Von Hans J. Mayland. 334 S.,
mit über 415 Farbabbildungen und Farbtafeln sowie 150 Zeichnungen und Skizzen, Balacron mit vierfarbigem Schutzumschlag, abwaschbare Polyleinprägung, DM 36,–

Hunde-Ausbildung
Verhalten – Gehorsam – Abrichtung
(0346) Von Prof. Dr. R. Menzel, 96 S.,
18 Fotos, kart., DM 7,80

Orientteppiche
Herkunft – Knüpfkunst – Echtheitsbestimmung
(5046) Von Horst Müller, 64 S.,
62 Abb., durchgehend vierfarbig,
Pbd., DM 9,80

Reitpferde
Rassen · Haltung · Reitschule
(4110) Von Pamela McGregor und Hartley Edwards, deutsch von
E. Schwarz, 144 S., mit über 100 Farbfotos, Pbd., DM 16,80

Lebensraum Erde
Menschen, Tiere, Pflanzen im Kampf ums Überleben
(4111) Von M. Ross-Macdonald und Robert Allen, deutsche Bearbeitung u. Ergänzung von M. Geisthardt,
288 S., 250 Farbf., gbd., m. Schutzumschl., DM 29,80

Scheidung und Unterhalt
nach dem neuen Eherecht
(0403) Von Rechtsanwalt H. T. Drewes,
104 S., mit Kosten- und Unterhaltstabellen, kart., DM 7,80

Die neue leckere Diätküche
(5034) Von Ulrike Schubert, 64 S. mit
30 Rezeptfotos, Pbd., DM 9,80

Die 11 erfolgreichsten Schlankheitskuren
(5035) Von Pia Pervensche, 64 S. mit
36 Rezeptfotos, Pbd., DM 9,80